Geſchichte

nes

r e u z e r s.

Buch.

tel.

er. — Erregte

ht gerade aus dem
Wahrscheinlichkeit
nüßte, die meisten
ohne Urſache ver-
äckig! — Dieſer
gewöhnlich die Ur-
ſten mehr, als es
Er wird dadurch
nachzudenken, an
dazu es ihm gänz-
unvermerkt Vor-
nnen zu urtheilen

urer werden, ſind
dieſen Schritt mit
am meiſten durch
t worden, welches
unter günſtigen
nit würdigen Män-
nern,

n in einer Denkungsart gegrün-
s welcher die Thätigkeit des Ver-
: den Gefühlen des Herzens ver-
jenige reine Harmonie in das Le-
n, welche durch ihre edle Einfalt
durch irgend einen Glanz zu blen-
ewunderte sie nicht; aber man ließ
x ward nicht hingerissen; aber man
nig wohl in ihrer Gesellschaft. Sie
ht lockend vom Orden; aber sie affek-
nicht, zu verbergen, daß sie Frey-
ären. Sie sprachen von dem Wesen
schaft mit Billigung und Achtung, und
m Zwecke mit derjenigen erhöheten Leb-
t, welche alle Gedanken und Empfindun-
enen Liebe zum Grunde liegt, veredelt,
n Ausdrücken derselben eine sanfte Begei-
z ertheilt, wodurch zugleich die Phantasie
ätigkeit gesetzt wird, indem sich nur das
zu öffnen scheint.

Eine jede erhöhete Empfindung der geselligen
enden ist an sich selbst so beglückend als rei-
d. Sie erregt keine Begierden, indem sie
enuß gewährt. Sie setzt den Menschen in ei-
Situation, worin nichts seine Aufmerksam-
eit anstrengt oder seine Ueberlegung auffordert.
Er macht keine Bemerkungen, weil er unmittel-

, mehr, weil er
sehen hoffte, als
a erfahren, die ein
Ceremonien vor an-
Aber er mußte seinen
ihm noch mehrere Jah-
welche die Gesetze seines
lljährigkeit angenommen
t der Periode dieses Auf-
ng nach Hamburg. Die
en Freunden verminderte die
ch mit Gedanken an die Freys-
häftigen. Unter seinen ersten
hamburg waren keine Freymau-
ger lernte er einige kennen, deren
weit hinter seinem Ideale zurück
n ihm den Wunsch nach einer ge-
hindung mit ihnen zu erregen.
rieth nachher in Bekanntschaften mit
l von mehrerer Ernsthaftigkeit und ei-
esten Betragen; welche Freymaurer wa-
nd den Ernst, mit welchem sie es waren,
sweges verbargen. Sie sprachen selten und
den kürzesten, geheimnißvollsten Ausdrücken
l dem Orden. Ihr Ton war mehr als ernst-
aft, und ihr Benehmen mehr als wichtig. Sie
ließen Geheimnisse ahnden, deren Größe und
Wichtigkeit er sich desto unbegränzter vorstellen

die Deutsch; aber man muß
ein Deutscher, um sie zu ver-

s hatte die Erlernung derjenigen
che man Schulstudia nennt,
llendet, und war nicht genug mit
des Alterthums und des Mittel-
t, um an diesen oder jenen cha-
Ausdrücken das Zeitalter zu er-
n die Sprache gebraucht wurde, und
on Leuten, unter welchen sie galt.
er zu wenig Phantasie zum Gei-
zu wenig Geduld zum Goldmacher,
l Verstand, um alles zu glauben, was
st. Häusliche und Familienverhältnis-
n ihm im Wege, wenn er sich sogleich
eymaurer aufnehmen lassen wollte, wie
damals sehr zuvorkommende Gelegenheit
. Denn man hatte zum Theil sehr un-
ge Vorstellungen von den Freymaurern;
die Schuld lag nicht so ganz allein an den
anen, als man sie ihnen oft aufgebürdet
— Hamburg ist in mehrerm Betracht ein
nderer Ort, und zeichnet sich vorzüglich durch
e gewisse Eigenheit in der Denkungsart der
inwohner aus, vermöge welcher sie ein Vorur-
heil, das nicht in ein sehr freundschaftliches Ver-
hältniß mit ihren Sinnen tritt, nur höchst kalt-
sinnig aufnehmen. Der Hamburger kann so

ie Wahrheiten der Psychologie
häuge, zu deren Anwendung er
eine so nahe Veranlaßung fin-
die meiste Zeit wird er durch die-
Umstand auf die Bemerkung ge-
as Feyerliche unter allen den Din-
Menschen mit einander machen, das-
deßen Behandlung sie gegen Man-
oder Ungeschicktheit mit vollem Rech-
htigsten seyn können.

etwas anders, wenn Einer Belesen-
em eigentlichen romantischen Fache der
r, einige Kenntniß alter Sprachen, und
it in der Dialektik hat. Aber wenn ihm
hlt: so ist wohl der letzte Eindruck, den
der ganzen Erfahrung, wenn er sie mit
m Antheil gemacht hat, mit zu Hause nimmt,
der mehr oder minder heftige Neugierde,
— reuiger Widerwille. Wird seine Kennt-
der Dialektik von einigem Scharfsinn unter-
t: so beschäfftige ihn alles Symbolische, was
erfährt, auf eine nicht unnütze und nicht unbe-
friedigende Art. Die Erklärung der Symbole
wird ihn interessiren, weil er dabey über die
Methode nachdenkt. Nur dürfte es unangenehm
seyn, wenn sich ihm bey diesen Gedanken einige
Bemerkungen über gewisse Wirkungen der Kraft

en Gemüthsbewegun-

er des Ordens davor.

, wenn man neugierig

cht eine Vollkommenheit

Menschen nur Uebungen

che anzustellen ihm die pro-

genheit verschafft. — Ce-

ieriger, als vorher. Noch

nicht dreymal glücklich. Da

e, daß er es thun würde: so

wußt, wenn diese Zeit kommen

amals bey den Logen von der stri-

nz Sitte, daß einer ein Jahr Ge-

sten Grades, zwey des zweyten, und

ritten, gewesen seyn mußte, ehe er in

annten Freymaurerey (wie man sich aus-

n pflegte) weitere Fortschritte machen

. Alle diejenigen hielten diese Sitte für

welche nicht wußten, daß die stricte Obser-

noch nicht alt war. Und nur eine unmit-

are Dispensation von der Alt-Schottischen

oge konnte einen, dem der Trieb seiner Wißbe-

ierde zu mächtig ward, dieser verdrießlichen

Wartezeit überheben. Cedrinus mußte sie

sich gefallen lassen. Er besuchte jede Loge, hör-

Wahrheit, weil er
ner geheimnißvollen
mniſſe mit einem re=
le wiſſen durfte, den
: guten Sache zu über=
ich in den Beſitz aller
ſatte, hätte ſetzen mögen,
gewesen wäre.

einem widerſprechen, der
xes mit völliger, herzlicher
ptet? Indeß war Cedri=
gierig gewesen, theils ſich ſei=
ung noch zu ſehr bewußt, um
nen, daß ein andrer eine ganz
gemacht hätte. Er beſchied ſich
: die Fortſchritte des Br. Sch**
t wiſſe, aber auch nicht beurtheilen
ſeher nur vermuthe, was er eben
be, oder durch die Erfahrung von der
deſſelben überzeugt ſey. »Ich habe
zu finden erwartet, l. B.« ſagte er,
h ſolche Beſchreibungen geleſen und ge=
ſſte. — Haben Sie es wirklich gefun=
: — Br. Sch** verſicherte mit Eifer
ſeyerlichem Ernſt, »er ſey den ganzen Orden
sgegangen.« — »Und« ſetzte er hinzu, »erſt
lich, da ich von dem Prinzen ** den Ham=
r empfing, habe ich von ihm Aufſchlüſſe über

seine Zufriedenheit
er (in der maureri=
) Hieroglyphen, die
Nach Endigung der
inus mit einem ver=
N... über die Sache,
te Erwartung nicht, und
Theilnahme der Männer
=theilungskraft, die er im
=rmögen könnte; diese dun=
t verfolgen. Sonst wisse er
e nicht viel zu sagen. „Man
kunst. Eine Dunkelheit wür=
en vertauscht; und von Zweck
e er noch nicht mehr als vorher.
elche er hier hörte, bedürfe durch=
=rsetzung; und dazu gäbe man kei=
. Indeß müsse er diese wohl noch

l... gab eigentlich nicht, was man
e und deutliche Antwort zu nennen
Vielmehr reihete er in einer von dem
ck angegebenen Folge eine Menge freund=
Worte zusammen, wodurch er das Urtheil
ie Einsicht des Cedrinus sehr billigte
obte, ihm völlig Recht gab, und nicht ohne
rsicht versicherte, daß alle seine Erwartun=
völlig würden befriedigt werden.

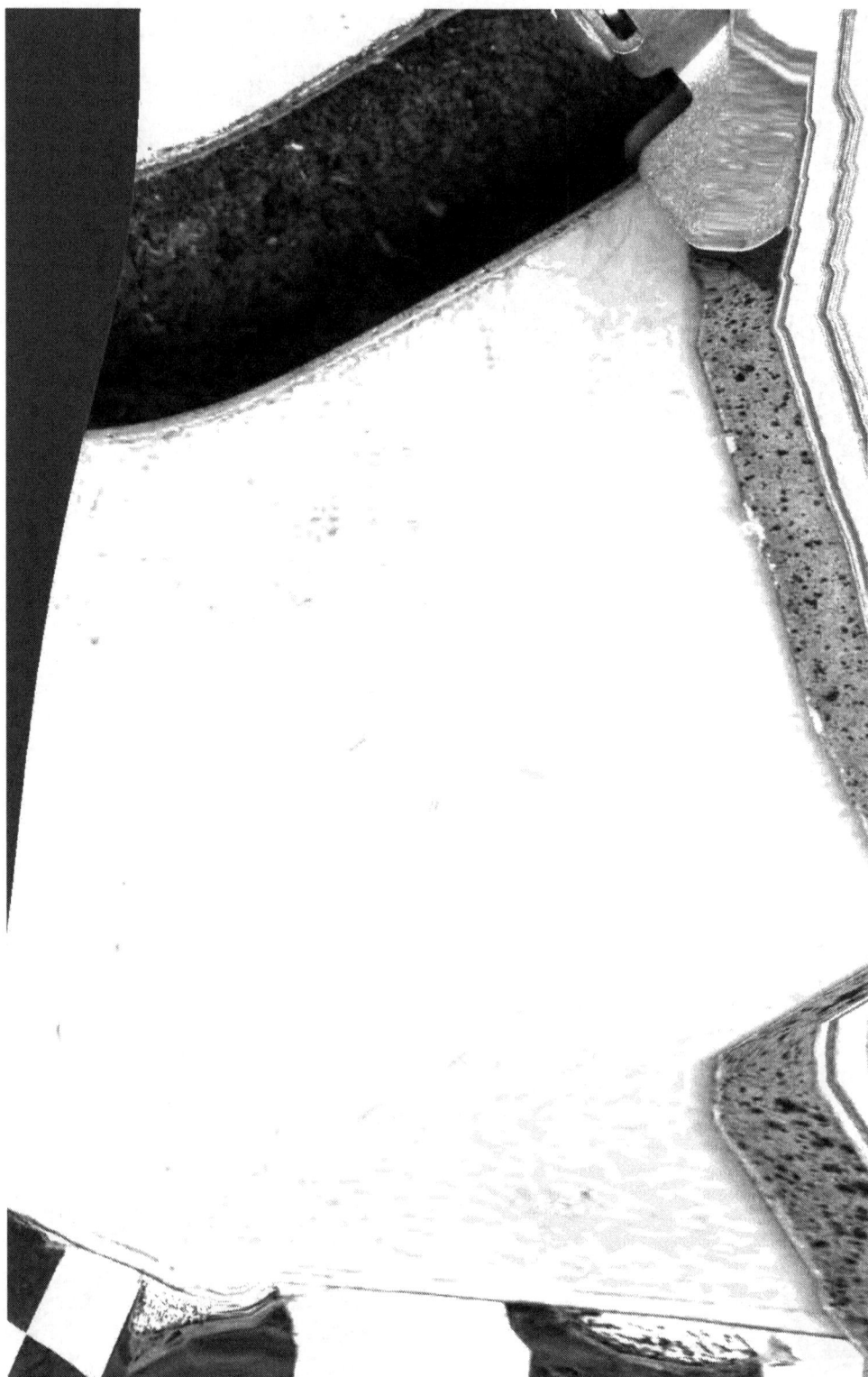

über geheime menschliche Thätigkei-
zu denjenigen, welche nie unpar-
weil sie gar nicht zur Existenz kom-
wenn ihnen nicht Partheyen da-

-ner, welche unser einzelnes Selbst
überschleichen, brauchen wir nur zu
-lich irgend eine von den unangeneh-
-ungen der Aergerlichkeit und des
erregen, wovon wir gewöhn-
-ben, wenn es uns nicht länger
daß wir uns in Gesellschaft
gemeinschaftlich getäuscht haben.
-haam vor der Zeugenschaft und dem
der Genossen unserer Verirrungen,
die etwas unwahre Empfindung einer
Zerstöhrung unserer bisherigen Ver-
welche uns eine solche Entdeckung, die
-mmer willkommen seyn sollte, weil sie uns
Wahrheit mitbringt, zu einem eigentlichen
Stande der Buße, der Reue und Zerknirschung
-macht?

Bey allen Unfällen des Lebens gewährt
es uns einen gewissen Trost, wenn wir nicht
allein leiden. Nur die kleine Verdrießlichkeit,
welche die menschlichste aller Erfahrungen, die
Erfah- -nes Irrthums mit sich zu bringen

vor einem Augenblicke noch die
nd.
ckelung eines Schauspiels, wor-
tollen hat ...en, und die spielen-
schaueten ..., worin sich beyde ihr
hältniß eben so wenig auf eine
...gen, als entdecken konnten, und
...oartung den Knoten noch mehr ver-
icte sie ihn auflösen wollte, — hat-
t Observanz nunmehr bis auf den
ren genähert, indem Cedrinus
Stufe der Freymaurerey stand

rfindung des Systems der stricten
in der alten Loge zu Hamburg ei-
erdings zu billigende Verachtung der-
schränkung des Genusses bey Tische,
Mäßigkeit fodert, geherrscht haben.
te Observanz brachte eine strengere Ord-
dor. Aber, wie es zu gehen pflegt, in-
man die Ungebundenheit aus der Loge ver-
, ward eine zu enge Gebundenheit einge-
hrt. Was vorher die Lustigkeit verdorben hat-
e, verdarb nun die Feyerlichkeit. Da man auf-
hört hatte, sich in Wein zu betrinken, fieng
man an, sich in Erwartungen zu berauschen.
Die eigentlichen Freymaurer, welche die stri-

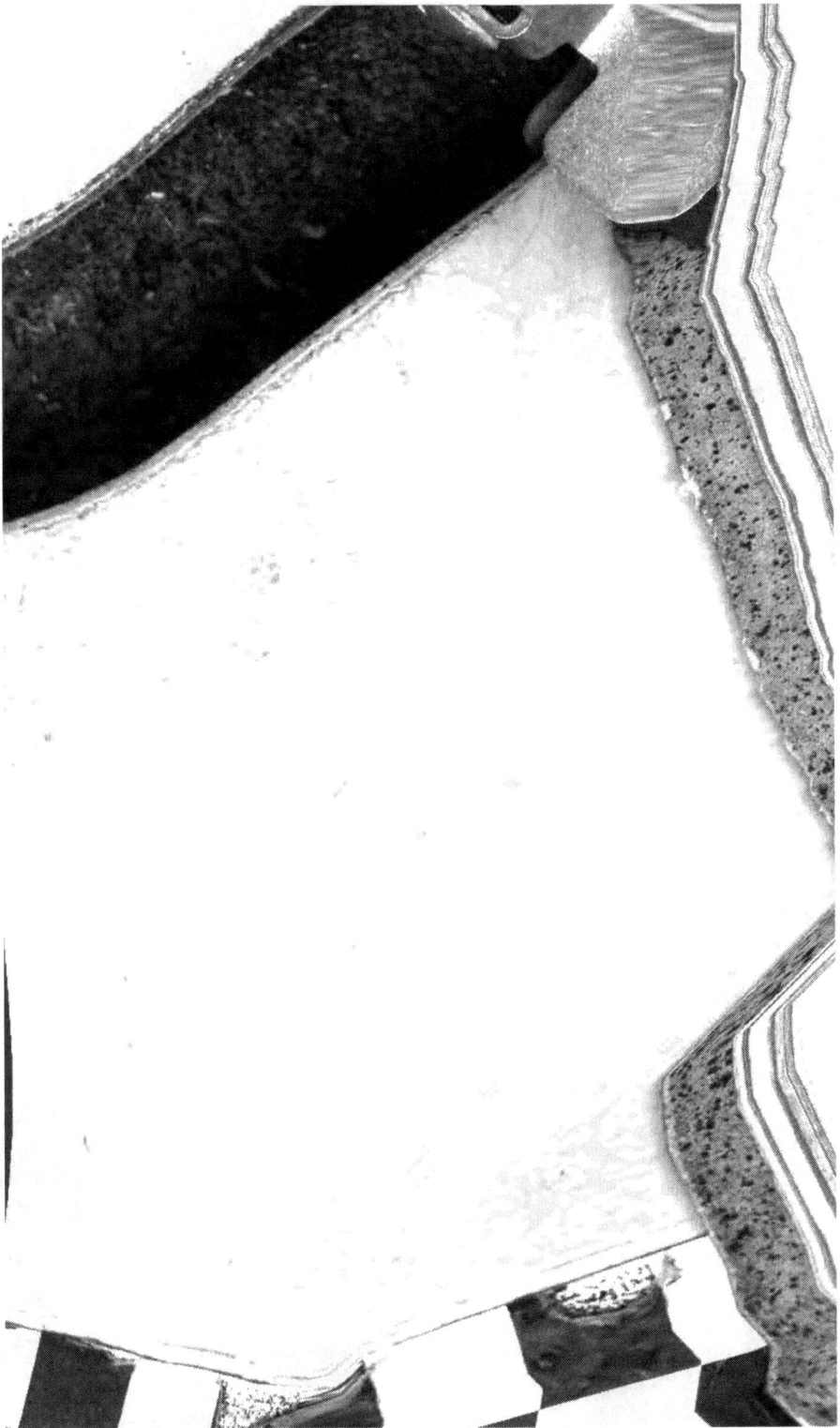

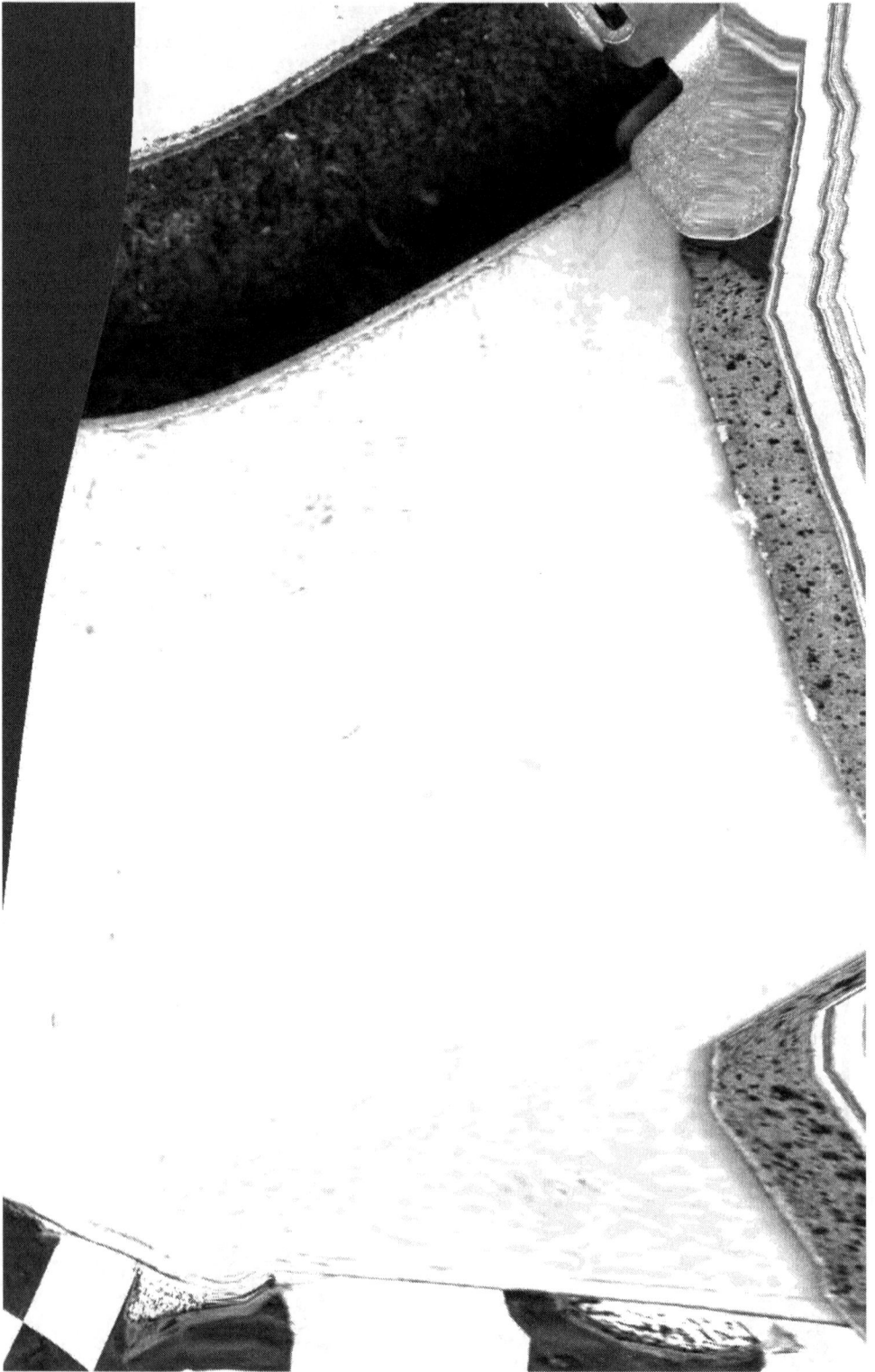

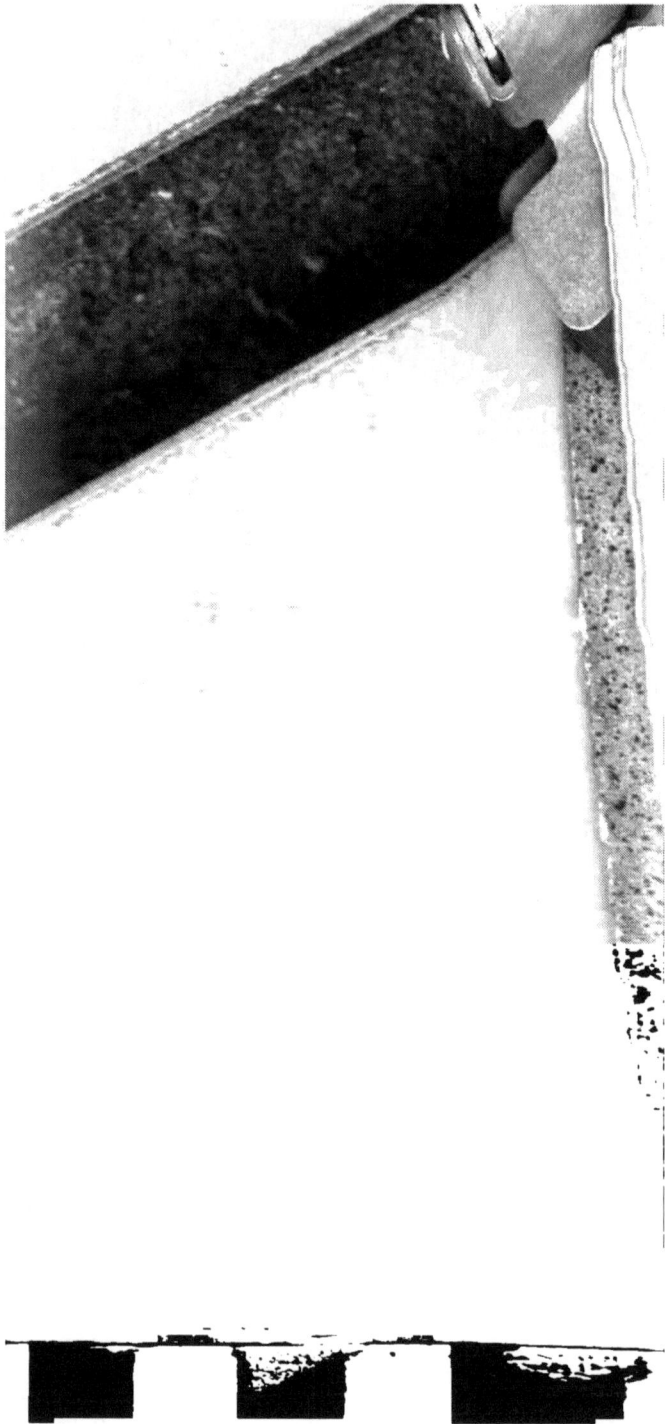

ehrlichen Zwecke und
Existenz gemacht ha-
Mitgliedern natürlicher
eigenden Geſetze gewor-
ltniſſe ihrer Verbindung
andern Sprache zu un-
er einzigen, die dazu taugt.
ein Wörterbuch haben muß,
dem ſie eine beſtimmte Be-
alte Brauchbarkeit zur Fort-
fbewahrung der Heimlichkeiten
t. Man nimmt in ſolchen Un-
sichſam aus Höflichkeit an, daß
verſtehe. Und dieſe Höflichkeit iſt
chwendiger, da man es nicht daran
darf, ohne das Friedliche und Freund-
es ganzen Geſprächs mit aufs Spiel

Wer einmal die unglückliche Vorlie-
eſtimmtheit der Begriffe beſitzt, wo-
h in unſern Tagen Leute die Benennung
hilofophen erwerben, iſt ſchon dadurch zu
vorzüglich thätigen Theilnahme an ſolchen
llſchaften verdorben. Die vollkommenſte
rredung über die wichtigen Heimlichkeiten
ſer Art müßte wohl eigentlich den Grundſätzen
emäß eingerichtet werden, nach welchen gute
Meiſter — Feen-Mährchen erzählen. Wird

en, über irgend eini=
agen, zu müſſen.

während der Zeit ſeiner
einen und andern ſei=
über die Geſchichten ge=
das Publicum beſchäf=
orten aber in der gewöhn=
Heimlichkeit geſchahen, ſo
tniß nur um ein ſehr gerin=

ſein vertrauterer Freund, mit
aterhielt, ſprach ſo dunkel, war
cynung, und ließ die Frage doch
ine höhere Weisheit entſcheiden,
n Räthſel oder einen Orakelſpruch
tte, der keinem des Alterthums an
etwas nachgab. Für einen Mann,
war, auf die gewöhnliche Weiſe mit
hen umzugehen, deutſch zu ſprechen,
er zu leſen, die er verſtehen konnte,
Art von Behandlung, deren Auffal=
die Gewohnheit nun ſchon abgeſchliffen
wenigſtens täuſchend, wenn nicht eigent=
erführeriſch.
Er hatte keine Urſache, irgend Einem böſe
ichten zuzutrauen. Geheimniſſe mußten da
n, welche man ſorgfältig verbergen wollte;

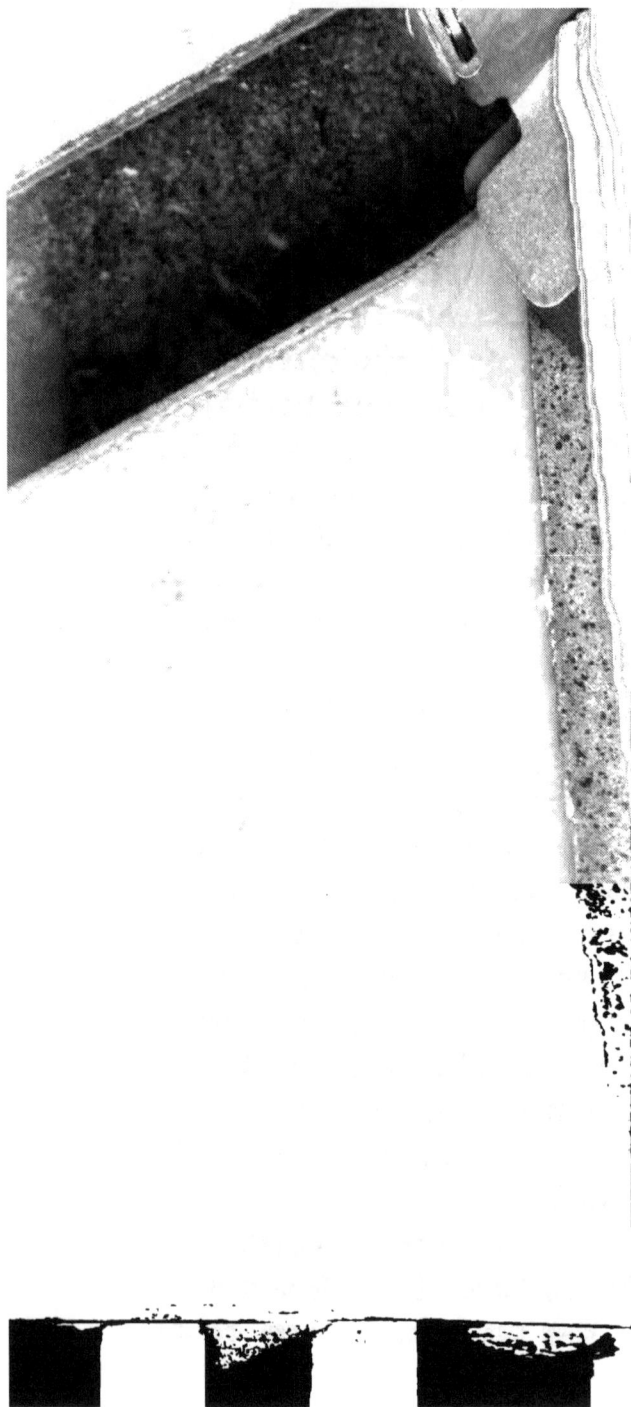

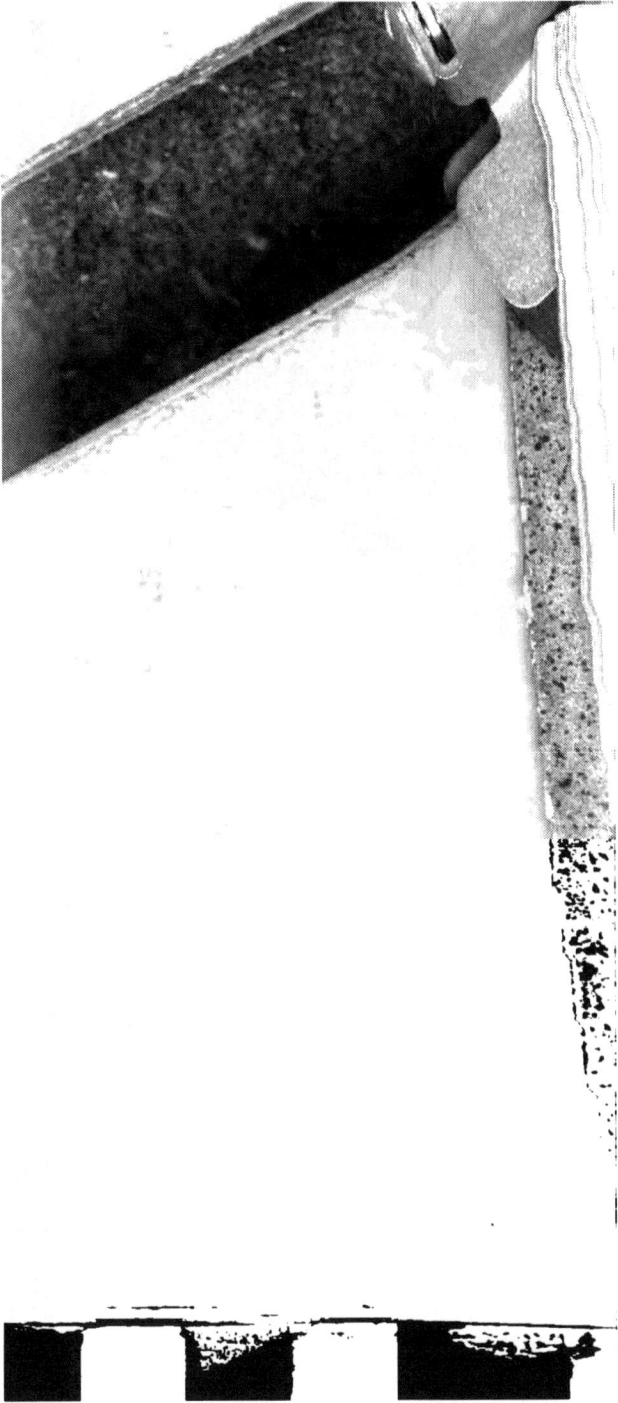

on. Die Winke die=
llen möglichen Myste=
ßten, trugen nicht we=
heimnisse gehefteten Er=
nnute religiöse Richtung

eine dritte Parthey näher.
her an Geheimnissen, fröm=
hafter, erhabner, und —
, als alle andern. Es war:
wesen, daß die umhergetriebe=
Erwartenden erst alle jene dür=
s Orients durchstreifen mußte,
en nun desto bereitwilliger einer
der Wüste Gehör geben möchten.

Drittes Capitel.

heinung der Rosenkreuzer. — Ihre
ungen in den Hamburgischen Logen.

auf dem Wilhelmsbader Convent die Nich=
igkeit des Tempelherrensystems mehr zuge=
en als ausgemacht ward, war in den Ham=
gischen Logen, welche bis dahin von diesem
stem abhängig gewesen waren, schon ein ziem=
ch bequemer Grund zu einem neuen Gebäude

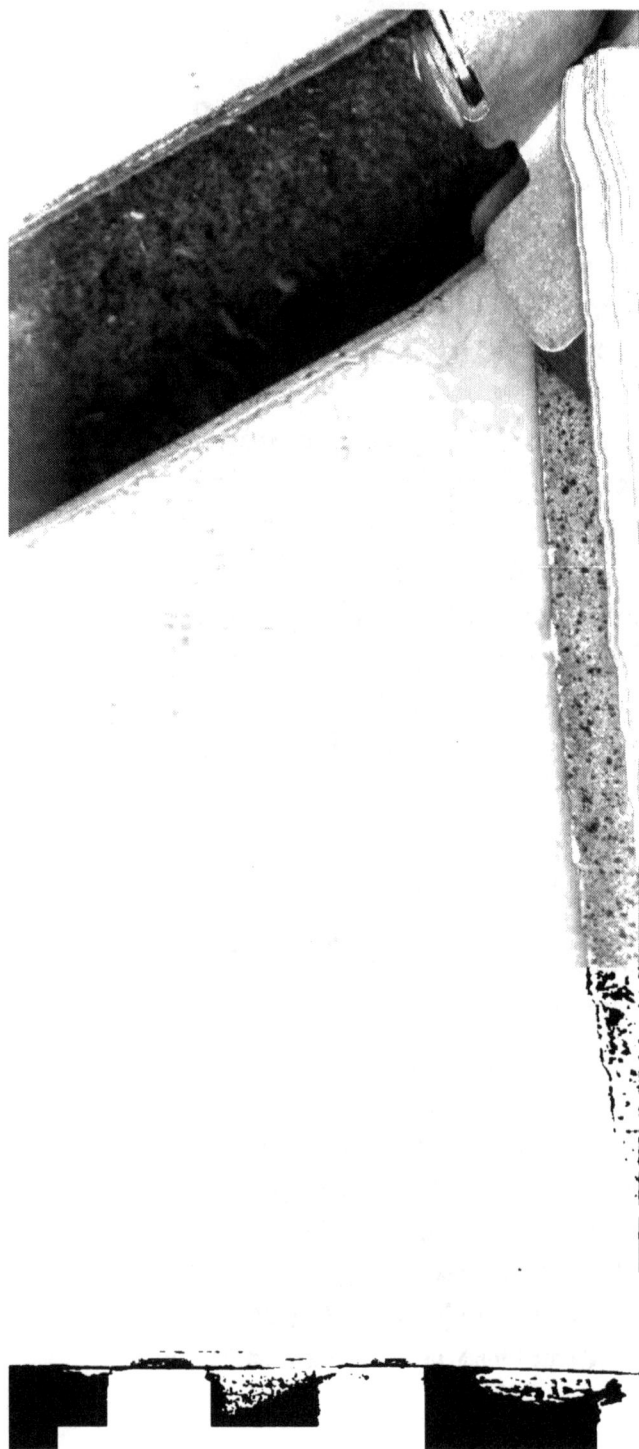

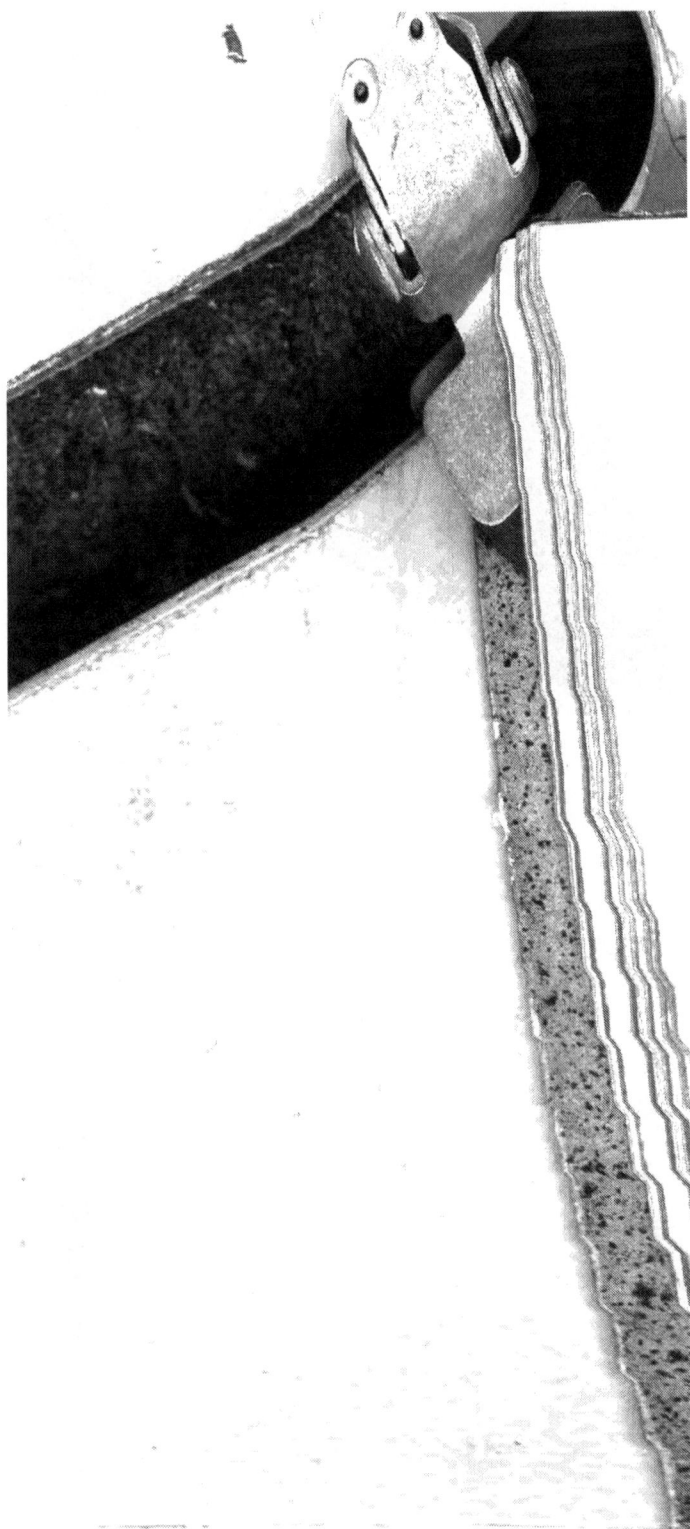

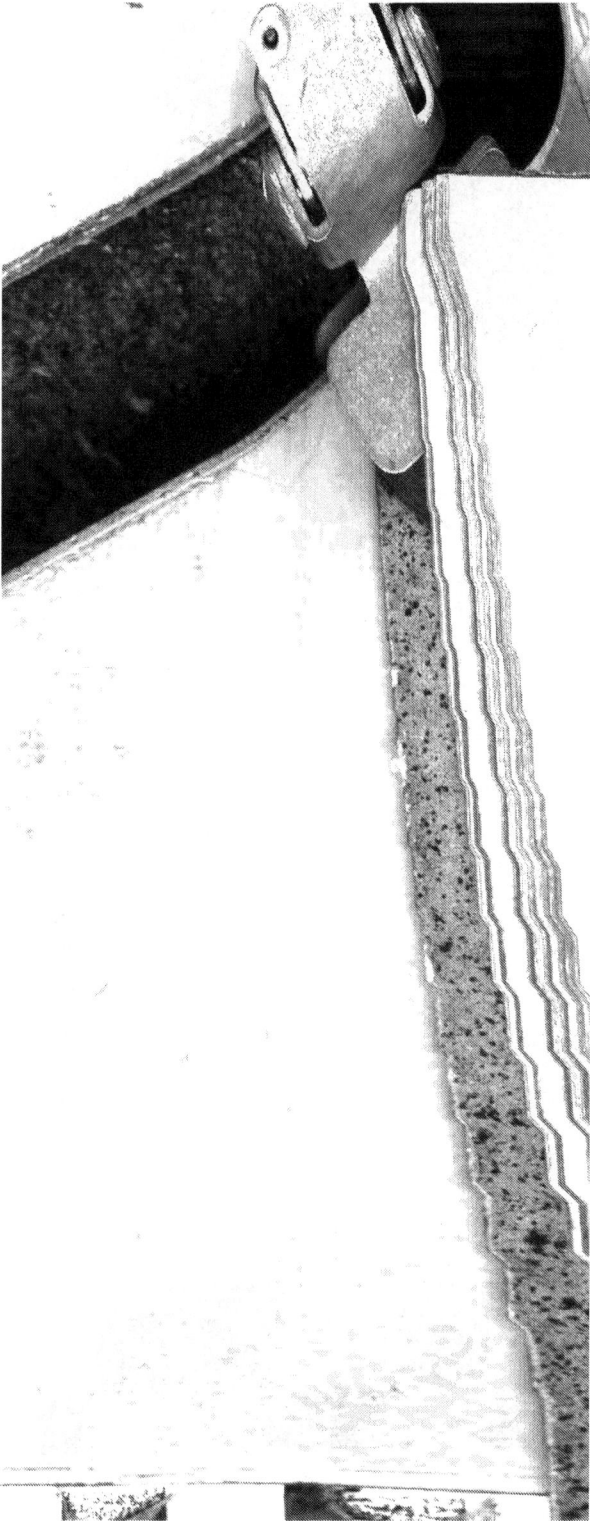

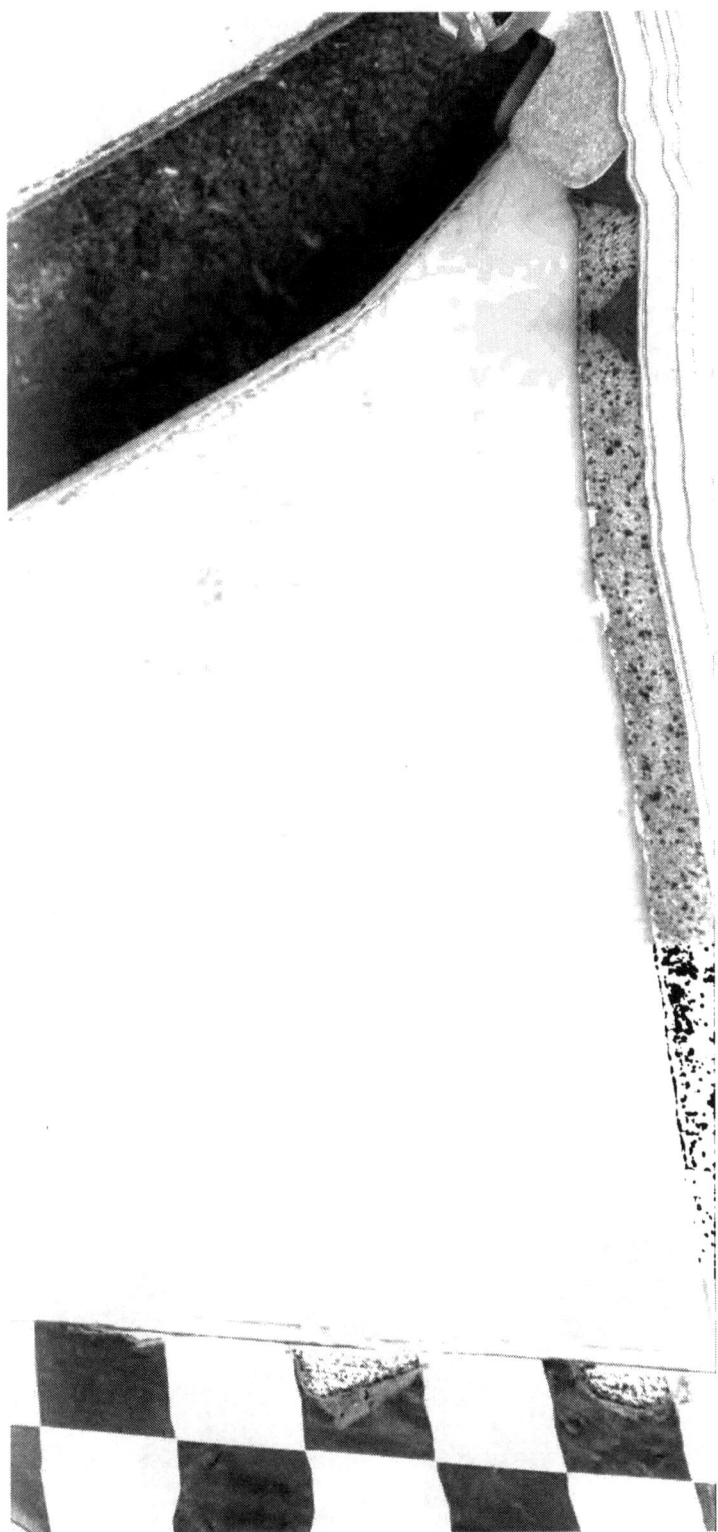

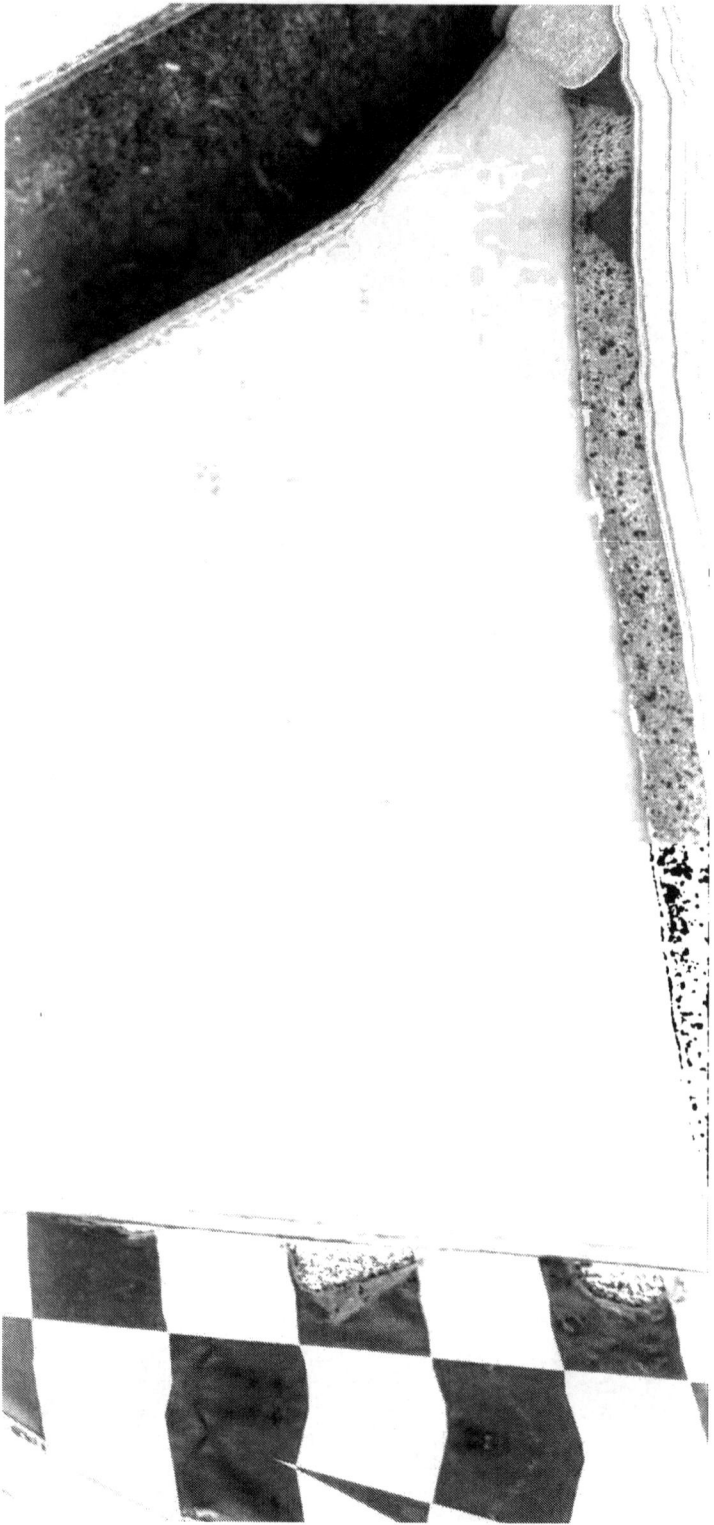

insten ,Plane über

em war für Täuschung
rach nicht weiter davon,
als ob diese Täuschung
rn von der Maurerey sey.
er eifrige Freymaurer von
Ihm fehlen nicht Begriff
Worte dafür. Die Wah-
aber sie ist unaussprechlich;
eine andre Art erfahren. Ce-
her und näher mit dem Br.
geworden. Mit ihm und andern
ch oft über die Maurerey. Er
frommen, feyerlichen Reden voll
nd Zuversichtlichkeit mehr, als eine
der neuerregten oder, seiner Mey-
berichtigten Erwartungen. Alle Ce-
sind vieldeutig; und in den Maureri-
mehreres, das nur andächtig betrachtet
darf, um sich auf die Religion anwenden
en. Die Worte: »Meine Brüder, liebt
» sind sehr maurerisch. Der Johannis-
ist ein besonderer Festtag der Freymaurer.
Anfang des Evangelii Johannis ist sehr
eimnißvoll. — Andreas war ein Schüler
ohannis. Und der Andreasorden ward in
Schottland gestiftet! — Cedrinus meh

e Freymaurerey noch
n hatte jene Ceremo=

Dieß äußerte er in
Höflichkeit, so viel nö=
ward, und setzte hinzu:
arüber urtheilen, weil er
gehört habe. — Er kön=
orstellung von dem machen,
würde. — Er hätte das
ab er gesehen habe. Die Fi=
nz anders, schienen auf ganz
zu deuten, als alles, was er
xxxngrade gehört oder gelesen

re kein Wunder‟ — antwortete
Miene eines Mannes, der gera=
s er zu hören erwartet hatte. —
nder! das glaub' er wohl! — Sie
ach jetzt erst auf den rechten Weg der
urerey zurückgekehrt; vorher wären
jältig irre geführt worden. — Die Zeit
nur zu kurz gewesen; die vier Receptio=
hätten zu lange gedauert; sonst würde der
a P— sich schon deutlichere Winke haben
fallen lassen, woraus Cedrinus hätte
hließen können, daß ihm die Sache gewiß ge=
fallen würde.‟

Cedrinus erwiederte: „das glaube er
wohl. — Auch hätte er noch immer Erwar=

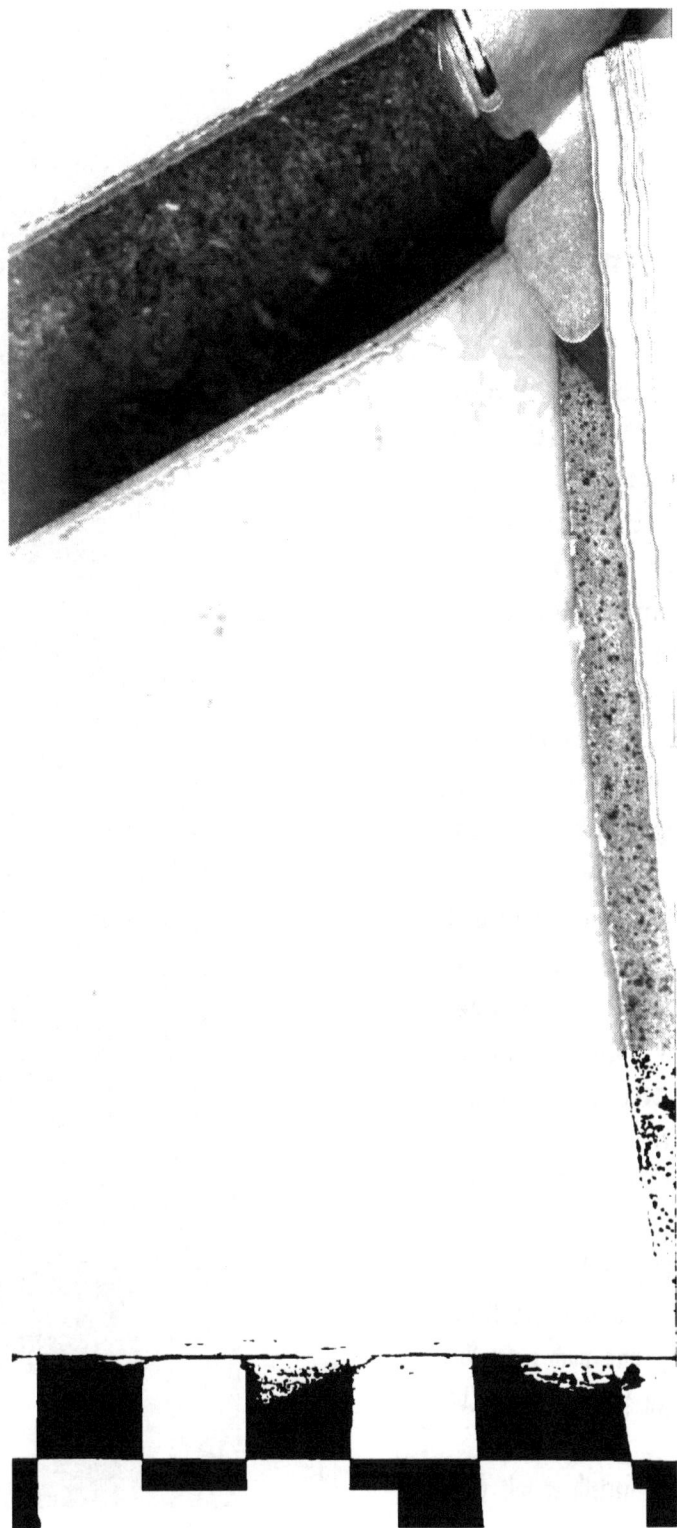

sie gingen wieder

des Tons war dieß
erhaltung der Phan=
ruhigere Betrachtun=
würde statt der herzli=
kalte und beobachtende
luß gelenkt haben. Er
r seiner Erwartungen der
Aufschlüsse gar nicht ge=
, was er erwartete, in
rochen ward, entgegen. Er
ganze Frage war: wie ihm
eption gefallen habe? Daß
er Maurerey erwartete, hatte
aber selbst nicht angeben wol=
e Gegenstände sich diese erwar=
erstrecken sollten. N — mußte
lesen können, um ihm die Er=
Wunsches zu versprechen, dem er
en gegeben hatte.
nus machte diese Bemerkungen nicht.
n, ohne es selbst zu wissen, schon ge=
den Mysterien eingeweiht, um unter
len und Bedeckungen nur Ein tiefstes
niß zu vermuthen, und nach dieser Ver=
g die Worte dessen zu deuten, der von
solchen sprach.
Einige Tage nachher gerieth er mit einem

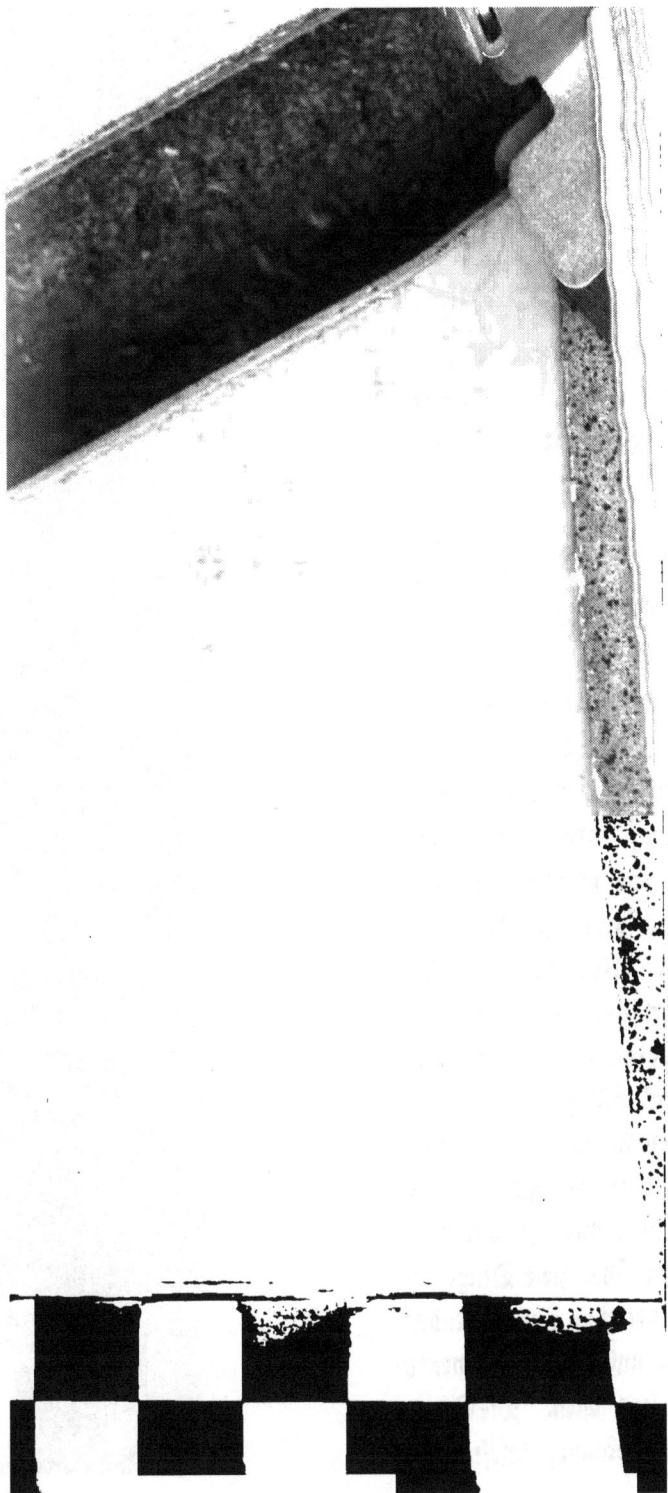

gung: daß jener sie
vard verfprochen.

s September erhielt
M——, worin diefer
Cedrinus ging
. Sie waren allein,
: noch Luft hätte, nähe-
n?" — "Er wolle ihn
ig führen. Er habe mit
hen und Erlaubniß dazu

i Bogen Manuscript durch-
ne Art von physico-theolo-
ber Erschaffung der Welt, oh-
e Princpien, aber sehr ge-
erde durch halbe oder scheinbare
szuhalten und zugleich die An-
stigen. Ein Alterthumskenner
zy an die begeisterten Lehren des
er alten Egypter erinnert haben.
sah darin, was mit seinen Erwar-
nmen zu treffen schien. Und wenn
lne Aufschlüsse über das Chaos, die
nd die Planeten suchte; so war doch
in welchem hier über diese Dinge ge-
ward, durchaus der Ton einer Offenba-
it mit dem alten und neuen Testamente
ahe verwandt zu seyn schien. Die Spra-
ar ihm zum Theil bekannt, insofern sie

itik der heiligen Bü=

r überließ sich mit An=

he Zerstreuungen der

talischen Dichters, der

tigen deutschen Genies

— „Ich rief, und mir

heit, und ich hielt sie

ch und Fürstenthum, und

nichts gegen sie. — Es

it ihr und unzählig Reich=

Ich war in allen Din=

acht, die Weisheit ging mir

h wußt's aber nicht, daß sol=

Einfältiglich hab ichs ge=

theilt ichs mit; ich will ihren

verbergen; denn sie ist den Men=

icher Schatz, welches so da ge=

en Gottes Freunde, und sind an=

n daß ihnen gegeben ist, sich laf=

— — Gott hat mir gegeben

ntniß alles Dinges, daß ich weiß,

gemacht ist, und die Kraft der Ele=

Zeit Anfang, Mittel und Ende, wie

a und abnimmt, wie die Zeit des

ändert, und wie das Jahr herum=

it die Sterne stehen, die Art der zah=

d der wilden Thiere, wie der Wind so

, und was die Leute im Sinne haben,

rley Art der Pflanzen und Kraft der Wur=

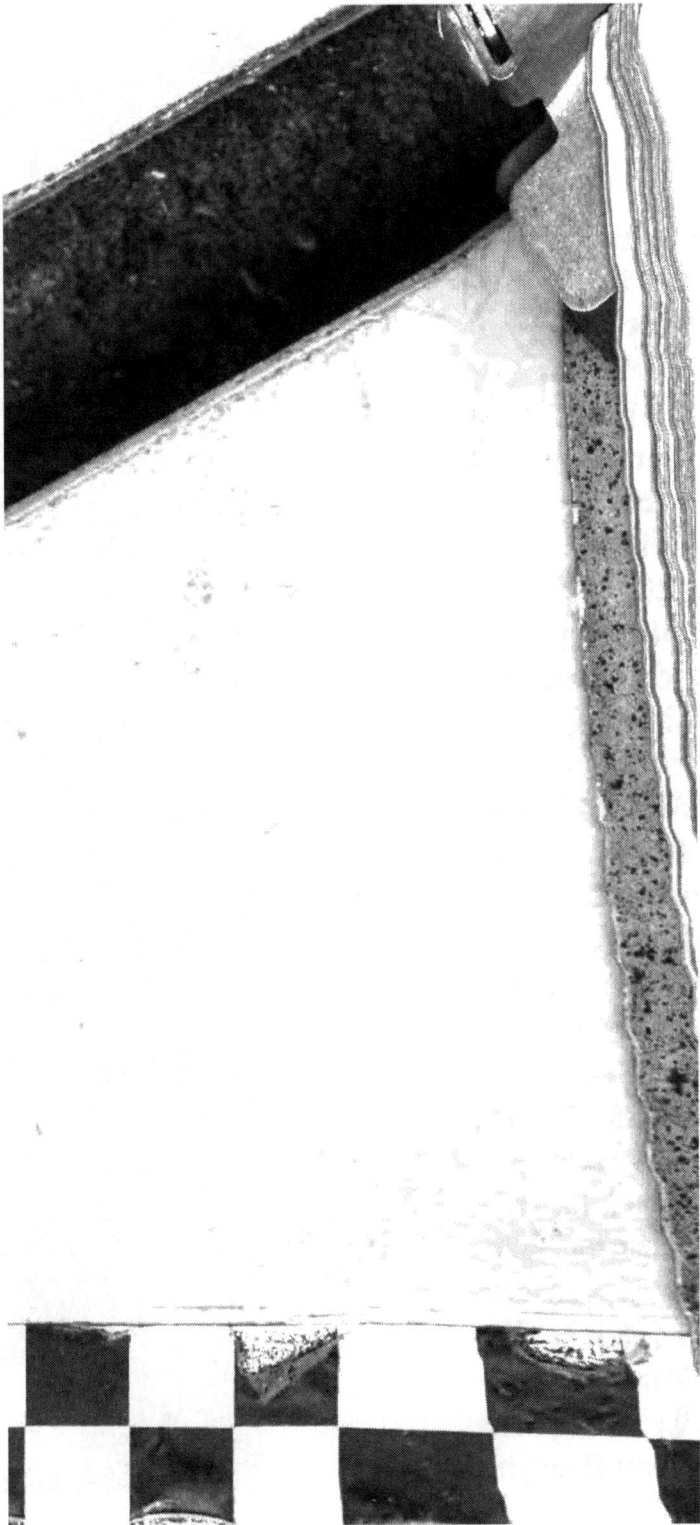

bes und längst ver-
n ausdrückt, die
seiner Zeit noch zu
mehr wird er sich be-
hm Dünkel darin ist.
Gedicht, sondern es
dert nicht die Begei-
ihr hingerissen; und
all der Stimme vom
rung. Die personifi-
n Kunstrichter nur in
wird für ihn ein histori-
das ihr der Dichter ver-
r ihre Wirklichkeit; und
nnt ihm mehr Zutrauen
Kennzeichen unglbt, wel-
n Beschreibung hernahm.
enschen verführt die Damm-
r uns können von ihrer Lie-
e geleitet werden. Doch es
iese himmlische Liebe, die sie
ihr eigener Mangel an Auf-
wollen die schöne, herrliche
s noch näher betrachten, und
einen Blick auf die schlechtern
, durch die ein Führer sie gänz-
ören, nicht sehen.
entas, welchen Cebrinus über-
ommene, menschliches Vermögen

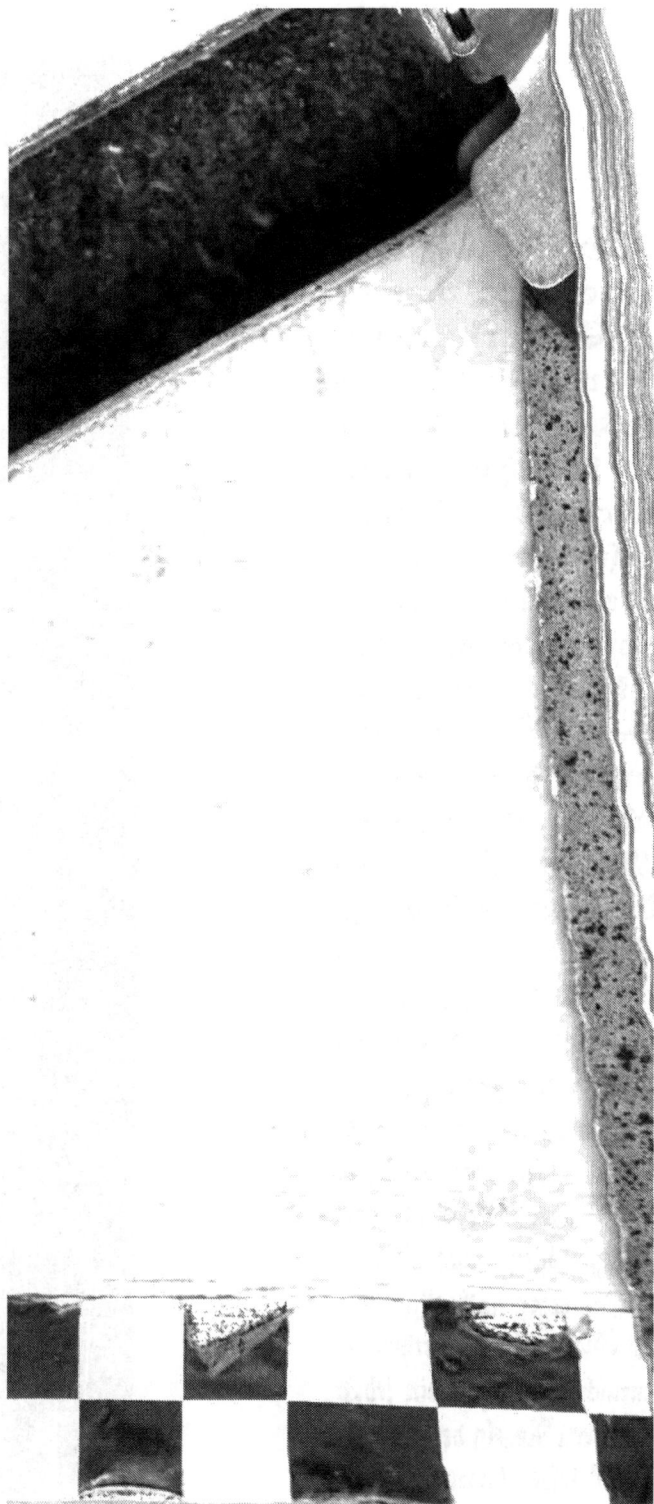

und um dieſe Liebe
nur einer Art von Er-
einer Erklärung ver-
ehr von dem Wunder
würde, wenn ſie es
wir begriffen haben,
ran wir unſern Scharf-
das beſchäfftigt uns.
lungsrede ſind ganz un-
iche Prahlereyen. Aber
ie wirkſam, weil ſie ſich
ern. —— Schaftesbury
k, wenn er das Lächerliche
er Wahrheit überhaupt an-
tiſche Wahrheit läßt ſich am
n. Die hiſtoriſche ſo wenig,
che. Das Lächerlichſte, was
aben hundert Menſchen erlebt;
urch nicht unwahr, daß es er-
Die Verſammlungsrede der R.
ich, wenn man ſie als eine Re-
rk der Kunſt, betrachtet. Aber
n Menſchen, lügenhafte Erzählun-
Geſicht ſagt, lügt ſie nur für die-
he ihre Erzählungen nach allgemei-
ißen des Glaublichen beurtheilen.
er im menſchlichen Leben ein jeder
ſeine beſondern Regeln des Glaub-
d nur der Philoſoph ſichtet ſeine Re-

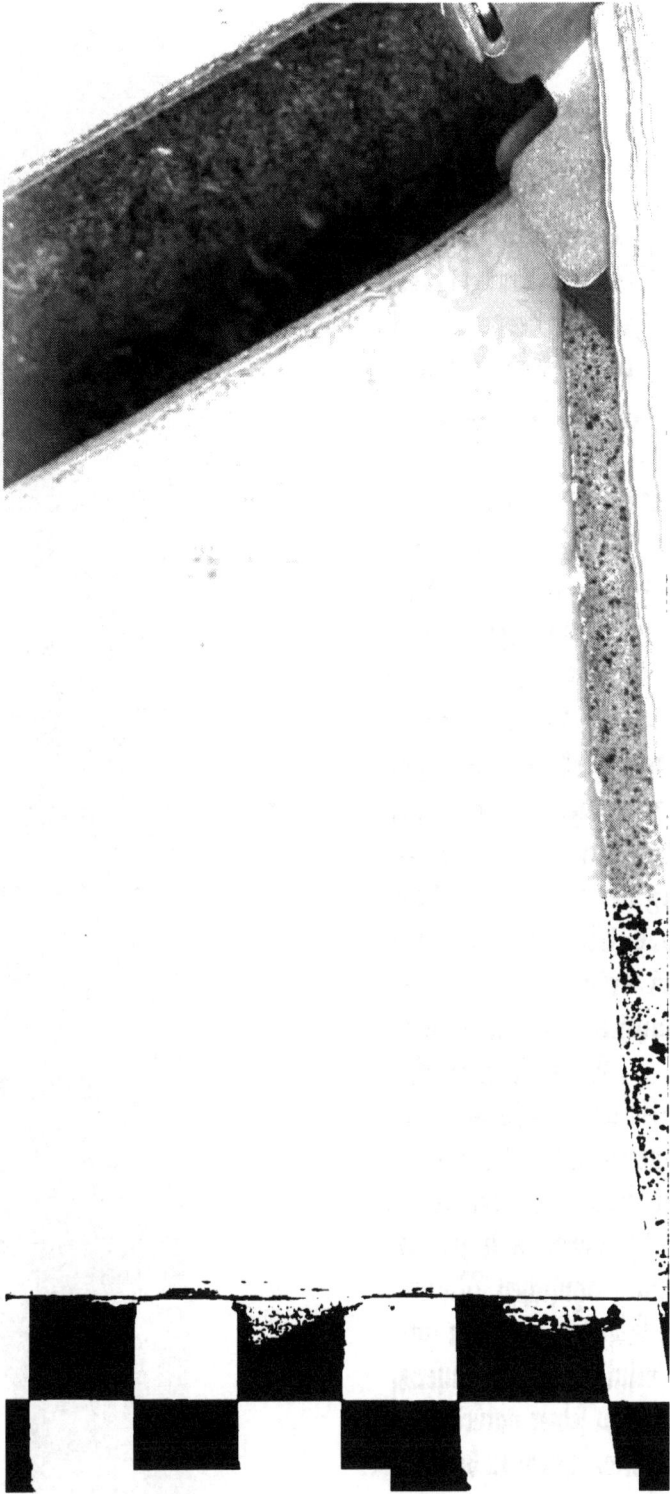

als noch nicht, wie
lchen Verſammlung
ihm zu gute gehal-
fängt von der Schö-
ſes (wie er ihn nennt
erzählt.

mmvater,“ ſagt er,
den in ſein Eigenthum
tun kommt er auf den
fiel, vom Lucifer ver-
t, freylich mit mehr Pom-
die traurige Lage Adams
er Adam wird wieder ge-
ade Engel wurde befehligt,
ichtete ihn auf.“ — „Was
rtheilung der Schlange ſchon
s Weibes Saame ſoll dir
en, dieß erfuhr er jetzt um
ſeiner nunmehrigen ſchwachen
meſſener. „Das alle menſch-
weit überſteigende Geheimniß
Ausſöhnung und Wiederver-
dem Schöpfer,“ ſo ſagen unſre
r (heißt es) wurde er in jenem
Weltſchöpfung ähnlichen Natur-
unſt, alle Cörper von ihrem an-
ſluche zu reinigen, und unſern
n Cörper bis zu ſeiner natürlichen
wider alle Krankheiten zu bewah-
ß Geheimniß wurde er gelehret.“

mit aller Macht
roß seyn darf, um
ten) und mit aller
heilig ist; gebührt,
begriff von dem Hi
Dogmatischen unserer
gelegt, als zur Prü
, fällt gerade in die
ben Lebens, wo gleich
nschaft uns ergreift, die
und die wir um so we
je mehr sie uns regiert,
tende Herrschaft ist. Was
kann, gewinnt zu diesem
ens in unsern Augen die
Schönen, gewinnt etwas
s, noch lange nachher jeden
nert und veredelt, der nur
Aehnlichkeit daran zu erin
ine glückliche Wirkung des Au
irdische Schönheit in unserer
ihren vermag: — Ob der Er
dlichen Exaltation sich bey den
zu dieser oder jener Zeit äußere,
die nicht eher ausgemacht werden
die meisten von uns sich im Stan
re eigene Geschichte zu beschreiben.
üssen wir uns mit einer Bemerkung
eren Wahrheit ein jeder nach Bet
inem eigenen Selbst und in dem klei

ieb gewonnen als erkannt
rinus durch die Verhei=
Gesellschaft, welcher er sich
rhältniß näherte, in welchem
ward. Die Verheißungen
te; und selbst die angeführte
rch ihre Plumpheit geschickt,
kräftiger zu machen; denn
bekannte, wozu ihm Hoffnung
eine so dreiste Verbindung mit
on kannte, daß der Erfolg nur
nnte: er mußte entweder glau=
te lachen müssen. Zu dem letz=
ganz andre Stimmung, als die
dieser Stimmung wäre eine ganz
e erforderlich gewesen, als die er

war er zu sehr mit dem beschäfftigt,
ren sollte, um an das zu denken,
nehmen wollte. Konnte es anders
a hatte von lauter wichtigen Dingen
von Dingen, die ihm gerade um
er von ihnen nicht erkannt hatte, nur
arden. Mit den historischen Nachrich=
ihm bekannt waren, schienen sich durch
üsse, welche man versprach, in einer Fer=
durch ihre Dunkelheit schon etwas Hei=
elt, andre zu verbinden, die, wie Ora=
e in Einer Sentenz vereinigten was sich

u frühzeitiges, ihm zuwider

ernt Grundsätze, um sie wieder die Grundsätze, welche der
em Stande gewinnt, kommen
ungen, weil die Erfahrungen
Stoff verschaffen, woraus die-
ilder. Und solche Sätze sind es
h, an denen der Gelehrte mit der
die Vorurtheile abgelegt hat, sei-
grundsätze zu prüfen anfängt. Ge-
ann machen, daß einer z. E. das
ralisch in der Verbindung mit dem
gsblute, worin es die Rede setzt, an-
t; aber daß er die ganze unglaubliche
von der übernatürlich mitgetheilten
aft (wie sie in der Rede weiter folgt)
esen man geheim hält, indem man ih?
ichte mittheilt, für unwahr erkenne, das
icht die Gelehrsamkeit sondern nur die
ophie ihn lehren, indem sie erweiset was
glich ist. Dieß ist eine lange Lection; und
uß auch langweilig und schwer seyn, weil
n der Geschichte überhaupt noch so viele Un-
rheiten haben, welche der Gelehrte glaubt,
d der gemeine Menschenverstand verwerfen
äte, wenn er nur da angewandt würde. Nach
d nach wird er auf die einzelnen von ihnen
ngewandt; und das nennen wir Aufklärung.

Es

efuhr!

s Capitel.

eihung.

dächtigen Erwartungen, und
gewisse besorgliche Wachsam
ken ging Cedrinus um
m Hause seines freymaure
Bruders, N——.
Freymaurerbruder, den er
wartete schon seiner, und
sonderes Zimmer.
kleine Weile; da erschien
selbst, freundlich und erfreut
Miene des höflichen Man
nehmen Gast empfängt, misch
satz von Feyerlichkeit; aber
t und natürlich, daß er nur
weil es unmöglich war, ihn
Es war nicht der Mann,
che Miene macht; sondern die
ranlassung war zu mächtig für
sich freute seinen Freund zu se
e Absicht seines Besuchs zu leb
und alles was die Erwartung
der Ferne als Belohnung vor
hielt

ß Tempels, gelaſſen worden
en, daß die ſchottiſchen Brü-
Makel, das iſt, von Laſter
erſcheinen. Hier wird dieſe
t, weil Sie mehr und mehr
agend, Gottesfurcht, und der
widmen müſſen. Waſchen Sie
n feſten Vorſatze, dieſem nach-
ſprechen Sie es?«
edrinus, der ſchon durch vier
gangen war, nicht ſchwer, dieſe
e zu beantworten. Er ſagte:

r der myſteriöſen Cerimonie des
gebührendes Genüge geleiſtet hatte,
Vorbereitende: »Jetzt wünſche ich
k zu Ihrem Unternehmen« — und
h Weiſe eines ſchottiſchen Meiſters an
oßendes Zimmer klopfen.
leichfalls bekannter Freymaurerbruder
Thür dem Vorbereitenden und ihm
Thür ward wieder verſchloſſen.
Zimmer war geräumig, ſtill, von Ker-
t, und dem Tagslicht aller Zugang ver-
Oben ſtand ein viereckigter Tiſch,
behängt. Darauf lag die Bibel aufge-
, und dabey die Geſetze, die Matrikel,
nſtruction des Obervorſtehers, und ein
, ſchwarz verbrämt, nebſt einem Orna-

Hin-

ten. Aber kein Geſicht,
ſagte. Keine bedeutende
vegung irgend einer Mus-
Gedanke oder eine Empfin-
wollen. Lauter Stille!
abſchreckend, ſondern fey-
 ſchien dieſe Feyer zu gel-
enn er ſich ſammeln ſollte,
te Stirnen und ruhige Ge-
enn dieſe Stille jeden Ge-
rinnerung, ſchwägen hieß,
 Seele völlig ſtill und un-
n wollte für die Eindrücke,

ngſam und ſanft der Ober-
ich zu Cebrinus und

 Was für eine Stufe der
erreichet?"
ortete:
ottiſcher Meiſter."
r fragte weiter:
 Sie mehr?"
erte ſeinen Wunſch „höhere
n." — Der Obervorſte-
n, gleichſam ſinnend, und
ortenden gern volle Zeit ge-
zlich in ſich ſelbſt zu ſam-
ſprach er mit höherem Ernſt
anft und liebreich, als einer

G   der

on Sentenzen zu hören, zu
en gewohnt sind. Er gab
orientalischen Ausdruck, in
nwärtig war, und sagte:
— — Der Obervorste-

se haben Sie von Gott?"
age gibt es für keinen Men-
tworten will, muß entwe-
Kunst Fertigkeit genug be-
zu geben, welche zeigt, daß
war, oder seinen raschen
gung preis geben, ohne die
h, das auszudrücken, was
und unserm innern Sinne
iegt, gemacht worden ist. —
nige Erleichterung der Spra-
Bekanntschaft mit orientali-
deren Unbestimmtheit mehr
Bestreben, das unnennbare
zu Hülf zu kommen. — Ein
Mann von tiefer Empfindung
n, daß er das Vollkommne
ete, indem er gern andeuten
griffe von Gott er schon hät-
vort wäre hier im Grunde die-
e, die nur gelernt wäre, und
und in irgend einem Katechis-
. Wer da fragt: Was denkst
dem ist mehr an der Meynung
G 2   der

s heißt, im moralischen
Adam abzulegen, und
gottesfürchtiger Menschen

Hut und Degen, sein
en Zierrathen eines Schot-
— Nun verließ der Ober-
d näherte sich ihm. Er —
s und sagte darauf:

Lernen Sie durch meine
aß auch Demuth bey uns

n seinen Platz und sagte
„Mein Bruder! Treten
el, die auf diesem Teppich

in die Mitte des Teppichs
zwey Ringen, zwischen de-
eise waren, umgeben. Von
aus gingen eine Menge
erer Strahlen in alle Ge-
, welche von einer Samm-
t war, die sich, so gut es die
rlauben mag, in einen Cir-
diesem Wolkencirkel prang-
en Zeichen der sieben Plane-
der Mond in vollem Glan-
nne Mercurius, sodann Sa-
rs, dann Venus, und dar-
t unter dem Monde; diese

G 3   fünf

eher ſagte: „So legen

, und ſprechen mir folgen-

er auf das Buch; und je-
mel vor:

e frey und mit gutem Be-
ich lebe, den ewigen allmäch-
im Geiſt und in der Wahr-
— mich nach Möglichkeit zu
ine Allmacht und Weisheit
rch die Natur — den Eitel-
lt abzuſagen — ſo viel als
ermögen ſteht, das Beſte mei-
beſorgen, ſie zu lieben, ih-
th und That in allen Nöthen
und endlich — ein unverbrüch-
weigen zu halten. So wahr,
ſterblich iſt.

ſprach dieſe Formel nach, lang-
wie ſie ihm vorgeſprochen wur-
da er ſie geendigt hatte, öffne-
tigen Glieder der Geſellſchaft
agten alle in einem Chor: „Dir
ſey Ehre! Du Anfang, Mit-
Der du lebeſt von Ewigkeit zu
en."

an den Cedrinus wieder von
rück an ſeinen vorigen Platz tre-
der Secretair ward befehligt, ihm
der anzuziehen, und man führte
G 4   ihn

ihren Kräften). — —

ürdige Obervorsteher seine

Cedrinus, und faßte

mitten um den Leib. (Es

einer selbst bedeuten, und

ie große Beschäfftigung des

welcher unter allen Crea=

k des Schöpfers sey). —

ervorsteher dem Cedrinus

Es hieß: Chaos. — Dar=

Obervorsteher den Cedri=

gelernt hatte, bey jedem

rholen, „zum Beweise, daß

chen Bruder der Salomo=

genommen sey.“

rinus die Wiederholung

rtigkeiten bey allen Anwesen=

, mußte er wieder vor den

d der Obervorsteher gab ihm

n den Bildern und Zeichen

ebeutete die Sonne und der

, wie auch die andern fünf

ten, die sie schon lange in

gedeutet haben. Nur ward

gesagt, daß „der allmächtige

schaffen, damit sie vermöge der

re Influentiam bis in das Cen=

treiben und die Geburt der sie=

fördern. “ — — Der flam=

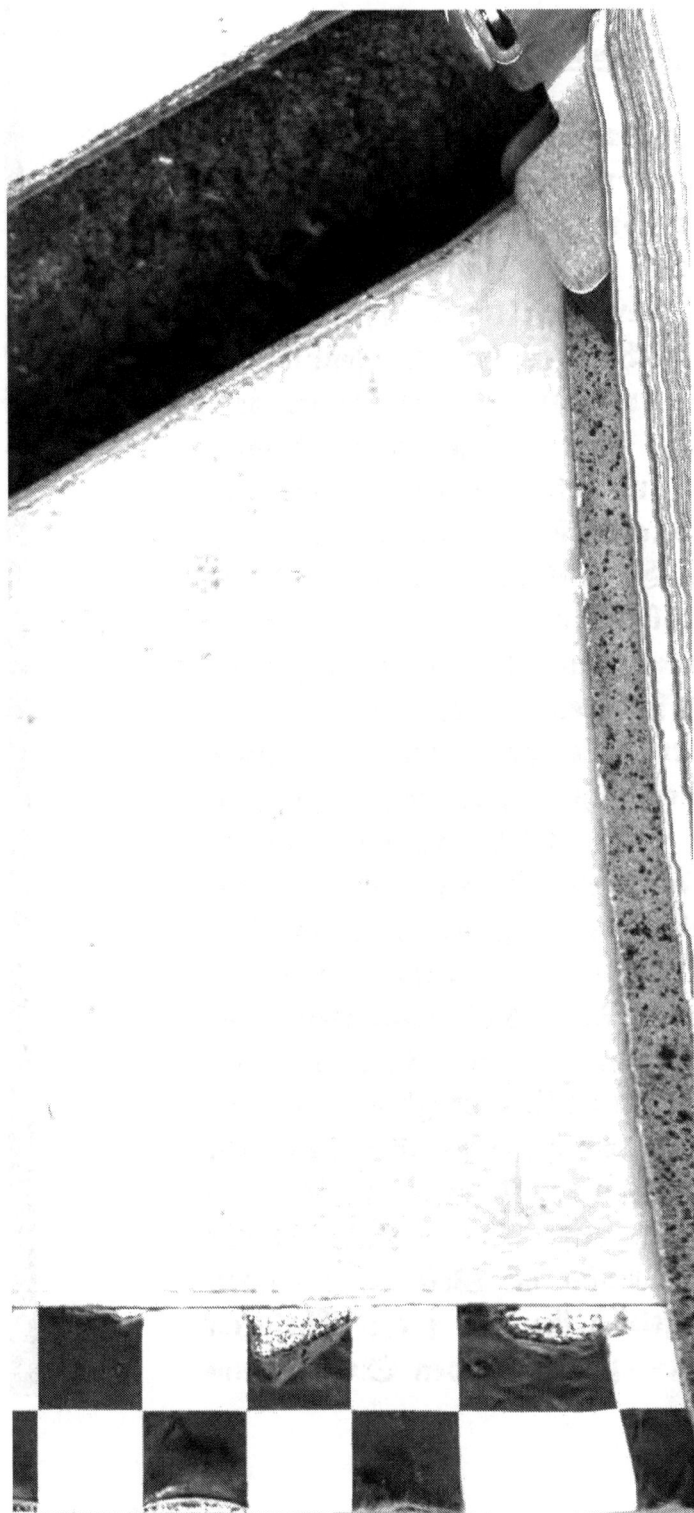

hilofophen durch Fleiß und
ntrum ergründen und ihre
r durchfuchen."
rte mit Aufmerkfamkeit an,
den Bildern beylegte, die
eichnet fah. Er konnte mit
sbrücken, deren keiner bey
3, nur kaum die Vorftellun-
am lebendigften und regfam-
dächtniffe gegenwärtig waren;
Gegenftand auf den andern,
vollenden.
eher machte eine kleine Paufe,
Worten: "Hier haben Sie,
er, die wahre und ächte Ent-
roglyphifchen Bilder, welche Sie
Ihrer erften Aufnahme in die
Maurerey gefehen haben. — Sie
nfehen, daß die zukünftige Be-
r theoretifchen Brüder die Unter-
drey Reiche der Natur feyn wird.
e wohl, würdiger Bruder, was
ße Vortheile aus Ihren Unterfu-
pfen können, wenn Sie durch ein
et Gott um Weisheit anflehen. —
elben werden Sie erßlich den all-
Baumeifter der Welt beffer kennen
d folglich ihn mit mehr Ehrfurcht
en — zweytens werden Sie feine un-

f e ß e

bene Verſammlung der
ſchen Brüder.

§. 1.

ıhre Glück des Menſchen in
Tugend und Weisheit beſte-
hiloſophiſchen Brüder ermah-
ıach fleißiger und emſiger Be-
ıichen Geſchäffte zufolge ihres
tes, auch zur Erkenntniß der
welche Erkenntniß ein unfehl-
durch die Gnade Gottes zur
zu gelangen.

§. 2.

ın der Religion.

eoretiſcher Bruder muß einer ge-
zugethan ſeyn, und dieſer fleißig
tommen, ſo wie es den Pflich-
en Mannes gemäß iſt. Uebrigens
Jeden frey, denjenigen Meynun-
geben, die er für die vernünftig-
umſten hält; allein nur ſolchen
die den Menſchen fromm, redlich,
ßig und dienſtfertig gegen ſeinen
en. Uebrigens iſt es genug, wenn

er

natlicher Beytrag von acht
casse bestimmt. — So auch
te Cedrinus ungefähr
Lübisch.
var an demselben Abend
er in die Mysterien der
eingeweihet. Die ver-
atte die Zeit so sehr ver-
chkeit, Erklärung und
m sich bey einer brüder-
chen. Der Bruder Ce-
n Beytrag zur Requisi-
die Einnahme davon
r, und der Ehrwürdi-
n Brüdern den Tag an,
igen Versammlung be-
edete er die Brüder also
hat niemand etwas zum
vorzubringen?«
and. — Er wartete
wandte er sich an den
d fragte ihn: »Wann
niarius antwortete mit
am: »Wann die Ar-
rreicher hat.
hervorsteher fragte wie-
ist es am Ende der Ar-
H

Und

ı seinem Ohre und raun.
— — Unterdeſſen ſtan.
ꝛ der Verſammlung in
) hielten die rechte Hand
men und Vorderfingern

ruder Obervorſteher em.
mit Anſtand, wandte
ſprach: „Meine Wür.
ammlung ſey hiemit ge.
Hammer, dem Zeichen
irde, that er ſieben mal
Tiſch vor ſich, bedeckt
ı Decke, einen feyerli.
ngſam, die zwey fol.
wieder einen langſam,
der, und der ſiebente
nden Schalle, der ſich.
f ließ er den Hammer
der vorigen Stellung
nit andächtiger Stim.
iſt dir gleich! — Der
nd die Erde dein Fuß.
e! wohneſt in der Hö.
kein Sterblicher hinzu
, die auf Erden woh.
euſchrecken. O! un.
dich lebet die Natur,
ſte. — Wir bitten
ȝ dieſelbe recht erken.

iefe Rede kennen, mein
rige, Sie haben fie dem
r Zeit geliehen; und jetzt
rklären können, warum
wieder gegeben ift. "

fehr befchäfftigt mit dem,
rt hatte, fteckte feine Re=
llig erklären zu können,
vörfteher meynte. Aehn=
densarten, die er hier
den Ausdrücken in jener
hin aufgefaßen, und er
daß die Beziehung viel=
öchte. Es war ihm fo
er fich nicht geirrt habe,
en Weifen, die dort
cken gerühmt wurden,
mitten unter ihnen be=
ift nicht zudringlich. Er
Binke, und überließ es
Gegenden auszubilden,

auf eine Weile in ein
in diefem Zubereitun=
cht wurden.

eder in das vorige zu=
nung und ftille. Die
warme Gerichte ftan=
trug der dienende Bru=
ß das Zimmer, fobald

3   alle

die Israeliten in der
ret hast, gib uns heu=
damit unser Leib bey
— . Wir bitten dich
die Nahrung der See=
ges Wort und Geist,
stlich' mögen versorget
immer loben und dir
il du allein der Ewi=
st. Amen!"
er. — Der Bruder
eß seinen Platz, und
r einen Teller mit
brachte er ihm einen
. Der Ehrwürdige
Stücken eins, und
, indem er sprach:
d." — Er trank
Kelch, und sprach
n Wein." Dann
r, welcher ihm zu=
nem Nachbar und
— Da alle ge=
hervorsteher: "Es
des Bundes der
Liebe gegen unsere

die Ermahnungs=
sich nieder. Man
fing

uns allen die Gaben

war, nun gesättigt, und
noch halb förmlich mit
Der Obervorsteher mit sei-
ufmerksamkeit erweckenden
at, und darauf fragte:
nd Sie bereit, mir auf
ten?«

är nahm das Wort, und
Obervorsteher! Wir wün-
h richtige Antworten zu

schen dem Obervorsteher
tarius folgende Fragen
lt, die durch den Um-
eyden seine Instruction,
geschrieben vor sich lie-
befangene Augen etwas
es Gesprächs verliehren
o weniger alles Feyerli-
n ihrer eigenthümlichen
lcher sie die Erwartung
digten; theils weil ein
n an das gewöhnt war,
ur so lange beschäfftigt,

gte: — Woraus sind

5

Der

ick haben, Gott in seiner
on zu loben und seine Be=

ist die himmlische Welt?
hen Planeten und alle

ist die Sonne?
der allerreinste und voll=
her aus dem Licht gezo=
o fähig ist, das erschaf=
einem Centro ausfließet,
und es den übrigen Ge=
theilen.
der Mond?
nd ist ein Planet, wel=
n Allerreinsten des Ab=
sein Licht von der Son=
it seiner eignen Essenz
nn nach und nach den
mittheilet.
empfangen die andern
en Planeten und Ge=
t von der Sonne, als
des erschaffenen Lichts.
ern Gestirne von der
s nach ihrer Ordnung
er zu, dahero sie in
Glanz erhalten wird,
ihre

ngs; denn wir sehen es

Zusammenziehung noch

der Thier, noch Kraut,

nen, und folglich wäre

e nicht an das Licht ge=

denn noch andre Wesen

thig?

nn ein einfacher, dün=

lfachheit und Manchfal=

es nicht ausmachen kön=

r allgemeine Geist durch

ehung noch mehrere We=

dieser Welt machen.

ein ander Wesen mach=

te Zusammenziehung?

yte Art seines Wesens,

ird diese Seele von den

nannt?

heißt: ein abgenomme=

e aus dem allgemeinen

e.

ing diese Abzweigung

ısammenziehenden Be=

durch den Zusammen=

Theil seines Wesens

ithin etwas dichter zu=

lbst war. Dieses vom

Geist

, das Daseyn, sondern

, das Entstehen alles deß

et und erklärt zu finden;

die kleinlichste Neugierde

eugierde, die sich zerren

man will, und hinläng-

en ist, wenn sie nur ein -

Worte findet, mit denen

neuem anfangen kann. —

e Obervorsteher uns zu

r ist und aus Feuer —

sser besteht, zu dem un-

aren alten Chaos! —

nd den vertraulichen Ge-

aus einer andern My-

auf dem Wasser schwe-

er hier auch Feuer un-

n ewigen Ey geht her-

immlische und elemen-

gen des umgekehrten

Aufmerksamkeit auf

te sonst allenthalben

ie der Bodensatz, zu-

müssen, was aus ih-

aum haben wir jenen

so werden wir auch

erschaffen und auch

der Gottheit zuerst

in der Gottheit das

Dieser Gott erschuf

die-

—niemand von den an‹
onen schien zu urtheilen l
belehrung von der einen
it von der andern durch
eit schien der ganze Zweck
unbefangenen Nachden‹
l wenig Zeit übrig.
r hatte die letzte Ant‹
t, als er bald wieder
h: „Würdige Brüder!
würdigen Obervorste‹
hlergehen aller theore‹
Gott gebe uns Segen,

t fing der Obervorste‹
! Wir haben unsern
unsern unsterblichen
ht beschäfftiget: was
?
ntwortete: „Unserm
nherzigkeit zu erwei‹
htigen Schöpfer für
Dank abzustatten.“
das andre vollbrin‹
— Er nahm dar‹
inem Tuch bedeckte,
darauf in der Ver‹
Dann ward der Hut
wie es schien, die
eld heraus nahm.
Nun

Geſchichte

s

euzers.

Buch.

itet.

den verborgenen
isheit.

———➤

Einfluß, den S ten-
eligion auf die Vor-
bey den Umständen,
ist las, und in Ver-
gungen, denen er sich
e.
leicht am kürzesten eine
nnt werden, wenn der
ich genug wäre. Es hat
che von einer Teleologie,
henverstand mehr gewin-
unzertrennlich sind. Aber
handbuch für die Schwär-
gereizten Wißbegierde Ein-
erstand nicht zu Dichtun-
historische Wahrheiten uns
ume gefallen in der Erzäh-
e sinnreich zu erzählen weiß;
been, die uns beschäfftigen;
indem wir unterhalten wer-
vom Verstande erhalten die
ungskraft ihren Werth; und
en Neigungen zu erschleichen
i dieser versagt hat, fängt die

J 5   Ver-

Weisheit einen neuen
niget zu seyn scheinet.
...uth, die diese Gesell...
...ableget, wovon die Er...
...sentlichen Bibliothek in
Curland) ein neues Bey...
... vorzüglich Ehre. Ob sie
... mit dem Orden des gül...
..., von welchem nur der hohe
...eben, lasse ich unbeurtheilet.
... ich, daß die mehresten ihrer
...bloß mit den Schalen ihrer Ge...
...gen müssen. Dagegen gibt es
... da welche im Verborgenen, die
... derselben besitzen, ohne jemals
...ene Mitglieder zu seyn. Es soll...
... thun, wenn dieser Gedanke ein blo...
...all seyn sollte.«

...Cedrinus diese nachweisende Stelle
...te schon die Vorrede seine Erwartung er...
...nd seine Aufmerksamkeit geschärft. In
...erzählt Herr Stender die Geschichte sei...
...buchs, die eine nicht unbedeutende Epoche
...r eignen Geschichte mit zu enthalten scheint.

»Mein letzter Aufenthalt in der Fremde, «
...gt er, »setzte mich in einen genauen Umgang
...mit einem hohen Minister. Ich bewunderte
...seine großen Kenntnisse in dem weiten Umfan...
...ge menschlicher Wissenschaften; erstaunte aber
...zugleich über die unbarmherzige Stärke seines
Un...

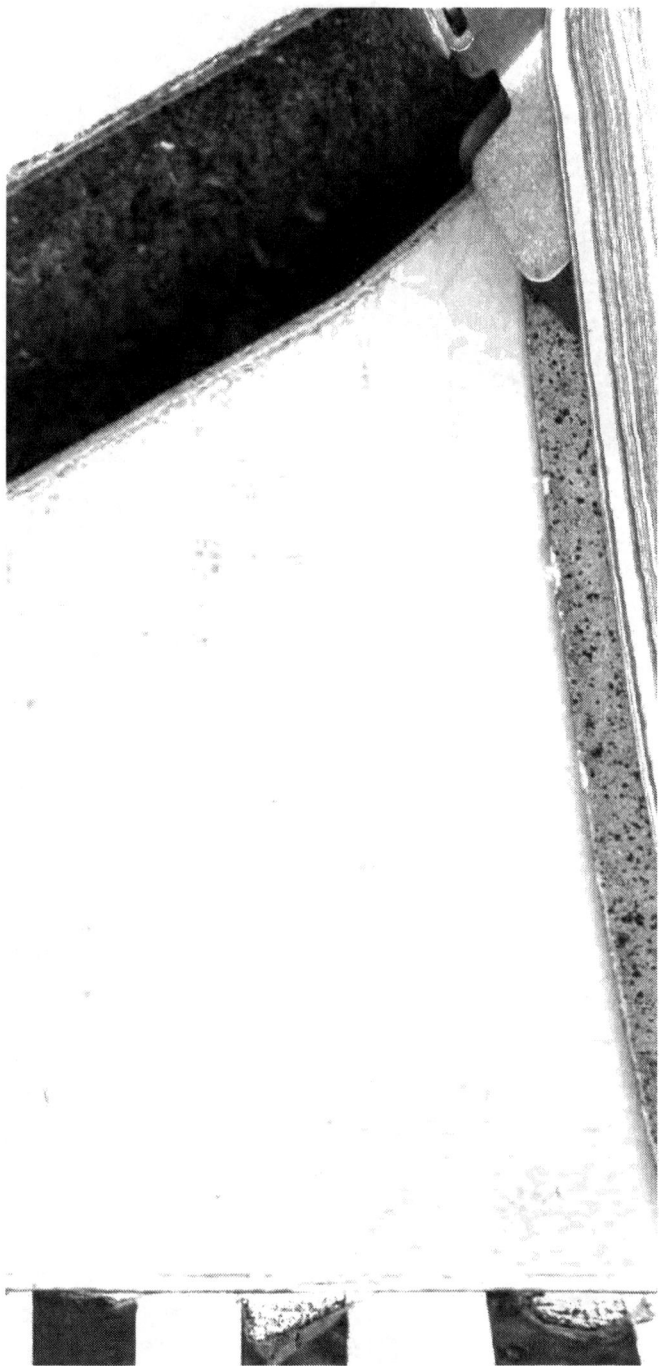

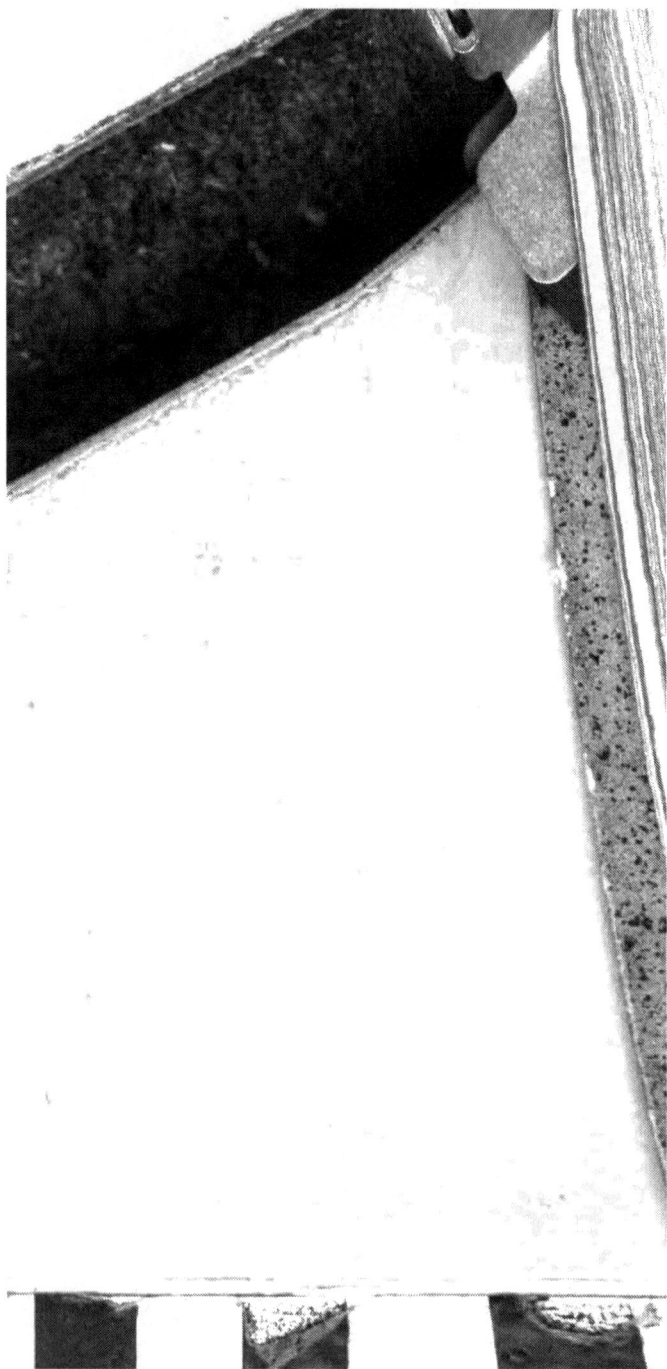

se.   Denn wenn der
a durch bekehrt ward;
doch zum Schweigen;
er sie widerlegen woll.
zugleich, daß er es nicht
s Cedrinus war der
r nicht das Interessanteste
s Geschichte, sondern et-
t, und das zwar etwas dunk-
iger erstaunend ist.
r des hohen Ministers waren
widerlegt, und einige Freunde
ender und seiner Arbeit gaben
, daß man zwar wider die Deis-
Gründe hätte, fragten aber, was
ralissen antworten wollte, die die
ihrer Seite hätten? — Herr
läugnet nicht, daß ihn dieses ziem-
gemacht habe. — »Allein,« setze
hinzu, »die heilige Vorsehung stärkte
Schwäche durch einen geheimen Wink. ic
wußte nicht, worin das Licht bestehen soll
das mir der HERR verhieß, bis es sei-
n heiligen Rath gefiel, mich unvermerkt
a der verborgenen Weisheit in der gehei-
nen Werkstatt Gottes zu leiten. Welche Ar-
blicke der schöpferischen Natur rührten meinen

, ϧein Werk auszuar=
Kräfte zu seyn schien.
ȫhern Lichts gab mit
Naturalismus zu enthül=
der Religion der Offenba=
des Christen, ohne Schmin=
darzulegen."

ahleren mit einer fremden
rey, und man hat nie mehr
ßeßten Strenge Beweise zu fo=
in Schriftsteller von einem hö=
)t, das zugleich — unter einen
wird, und eben, weil es ein hö=
eine geringere Bestimmung zu ha=
Aber wir können uns auch nicht ver=
, Celsinus schon mit etwas Miß=
e lesen müssen, um diese heilsame Be=
zu rechter Zeit zu machen.   Wäre er
Pythagorern und Platonikern bekannt
, so hätten vielleicht einige Ausdrücke in
n angeführten Stade mehr seine Prüfung
ne Erwartung gereizt; und sobald Beur=
ing das Hauptgeschäfft bey seiner Lecture ge=
oen wäre, würde er vor allen Dingen genau
ersucht haben, wie der Mann mit dem hö=
rn Lichte die Blöße der Naturalisten aufdecket,
nd ob diese Blöße nach einer solchen Enthüllung
nackter da stünde, als man sie mit natürlichen

fiel es ihm eben
lche ihr Licht ver-
uten, die es nicht
r, und daß diese
sch verwechseln wür-
eit nur dazu beytra-
erschied bemerklich zu
eres Licht neben das
stellte, und nun die
Augen überließe, da
und Lobsprüche nicht
einem Lichte erhalten.

ftsteller, der nun, wie
Weile zum Schauen ge-
durch keinen Wink beyge-
en in ihm zu veranlassen.
r den Glauben an seine
etwas, das sich von selbst
„Gewiß, die majestätische
des Schöpfers, hat die
m weit erhabnern Endzweck
t ihre Geheimnisse nur den
der Weisheit schauen, den
zeiget sie nur die Schalen; und
der Einbildung thun darauf so
ie Kinder mit ihrem Puppen-

raft dieser nachdrücklichen Stelle
sfehlbar verlohren gehen, wenn

nerley zu seyn,
Nähe des Geg-

n bekanntlich auf
dem man entwe-
entfernt, (welches
ist, die zu ihrer
den Instinct) oder
, die aus der Fer-

)igkeit erfodert; aber
ich der zuletzt behan-
erlichen Waffen scheint
geheimen Künste der
welches in den Geheim-
; eine Kunst, von der
h ihre Wirkung bekannt

ge sucht auch Herr Ste-
die dunkle Andeutung der
bigen Söhne der Weis-
igen Freygeister triumphiret
ten aus dem ganzen Kreise
m nahen, und denen er, wie
rner vorenthalten will, was
a hören, — weit, weit zu

c spricht er, „verrathen die
ihren Spöttereyen und listigen

ey zu nehmen.

er (die im Ori-
r ist,) gab ihm
lche sein Verfas-
riff, als von der,
choß; aber durch
mangelhaftes seine
allen Vorbereitun-
r, nur allzu leicht
hienen ihm die ge-
ser Ferne als Men-
te Sache zu beför-
borgenheit und stille
il selbst eine unwill-
rzenshärtigkeit war,
ter von so unedlem
leuchtung des mensch-
arbeiten.

ne Verblendung mußte
aus seiner anderweiti-
n eigenen kälteren Ge-
iner so unausgemachten
Nachdruck verlieren; und
nteresse des Schwärmers,
ls das Heilige genügt, fehl-
laube gegen Zweifel schon
ndem sich sein Herz hin-
n ihm fast, als ob dieser
Grunde nur rühmt, et-
ndern unbekannt ist, deut-

licher

srede der N.

rächtigen Wor-
a einem Geist-
genannt hatte,
a Offenherzigkeit
rzählte, mit be-
n vorsichtig, aber
hauptet. —— Es
dazu gehört, wenn
e Natur nicht zum
nach seinen damali-
mißtrauisch werden

Geistliche auch so tole-
folgen. Keinesweges!
ster von Freydenkern zu
eydenker," sagt er, »ist
, als man sich gemeinig-
s so wenig, als ein Selbst-
n edlen Pyrrhoensern alles
Natur und Schrift geben
," —— »Ein unverant-
nszwang und der donnernde
rmachers schrecket nur, über-
« — Keiner der christlichen
ührt er besonders, keiner nimmt
ndere an. Er scheint darüber
und auch diese Unpartheylichkeit
Vortheil bey Cedrinus.

let und den
chtet. Die=
ben zu seiner
Gott einem
wirket in al=
gesetzten Ord=
ebenen Gese=
s ganz gedul=
Begriffe und
ter der Menge
unkler zu wer=
werden sollte;
g künftiger Er=
graph, der die=
hälfte abgeschrie=
„Ein Jeder hat
Alten anzuneh=
nn man sich nur
abene und ihrer
ungen und Be=
ungen niemanden
— Eine schul=
drinus nie ge=
fel über diese Din=

Weltregierung und
dieser Vertheidiger
it einem Eifer an,
it verdienstlich wer=
ut zu Tage, " sagt

er

Es war der
enheit in der

der sich durch
sehr man sich
der Natur ih-
einbildet, so
Wurzel entfer-
rfasser auf diese
n empfiehlt, da-
me, läßt er sich
iß der geheimen
nens aller wach-
ndervollen Ver-
Werkstatt Got-
turweisheit, die
geoffenbaret und
rget." Und S.
ngliche Naturweis-
ichen Offenbarung
womit Gott den
on aller Bequem-
art zur Erhaltung
igte. Hiemit stim-
eisen, die nicht bloß
Natur der Dinge stu-
die unselige Trennung
verursachte, daß die
ttlichen Offenbarung
nen der Weisheit, die
„dem

der Kern aber

Diese feurigen

heit, richteten

tbarer Witz ver-

ten Lehren der

die von der ur-

hatten vom Cör-

— Bey solchem

nkten sich die wah-

n sich im Verbor-

n in den Schriften

iche Spuren der ur-

, die man um ihrer

seltsamsten und wun-

asiehet, und ihnen ei-

ndichtet, dahin z. B,

z, oder Auswickelung

bret. — Die Weisen

, die von einem Wun-

n, und deyen sich die

jenbaret, waren ohne allen

der vormals göttlich er-

— Endlich ist es bey ih-

hin gediehen, daß man die

zährlein verlacher, obgleich

rift gleichsam mit Fingern

d viele denkwürdige Spuren

ders in der Schöpfungsge-

Buch Hiobs und in den Bü-

davon anzutreffen."

Die

o eifriger fuhr
ihm: . . . . . .
r Redseligkeit,
Gelehrte wie
nd Andern in
Begriffe mehr
da ist." Man
seiner Hut ge-
äßten." Der
orte, wie der
das er nur zu-
cht wieder aus-
t die Unterhal-
Banknoten ge-
en Folgen sind
sobald der reelle
äter sein künstli-
r daß wir ein-
Geld, und eher
en, als ungülti-
brinus ein sol-
den guten Willen
äre Hrn. Sten-
abe für ihn gewe-
ichte der geheimen
der Offenbarung
r mit so viel Ver-
eliebte, wieder er-
, die das Erstau-
hmste Art von der
Welc

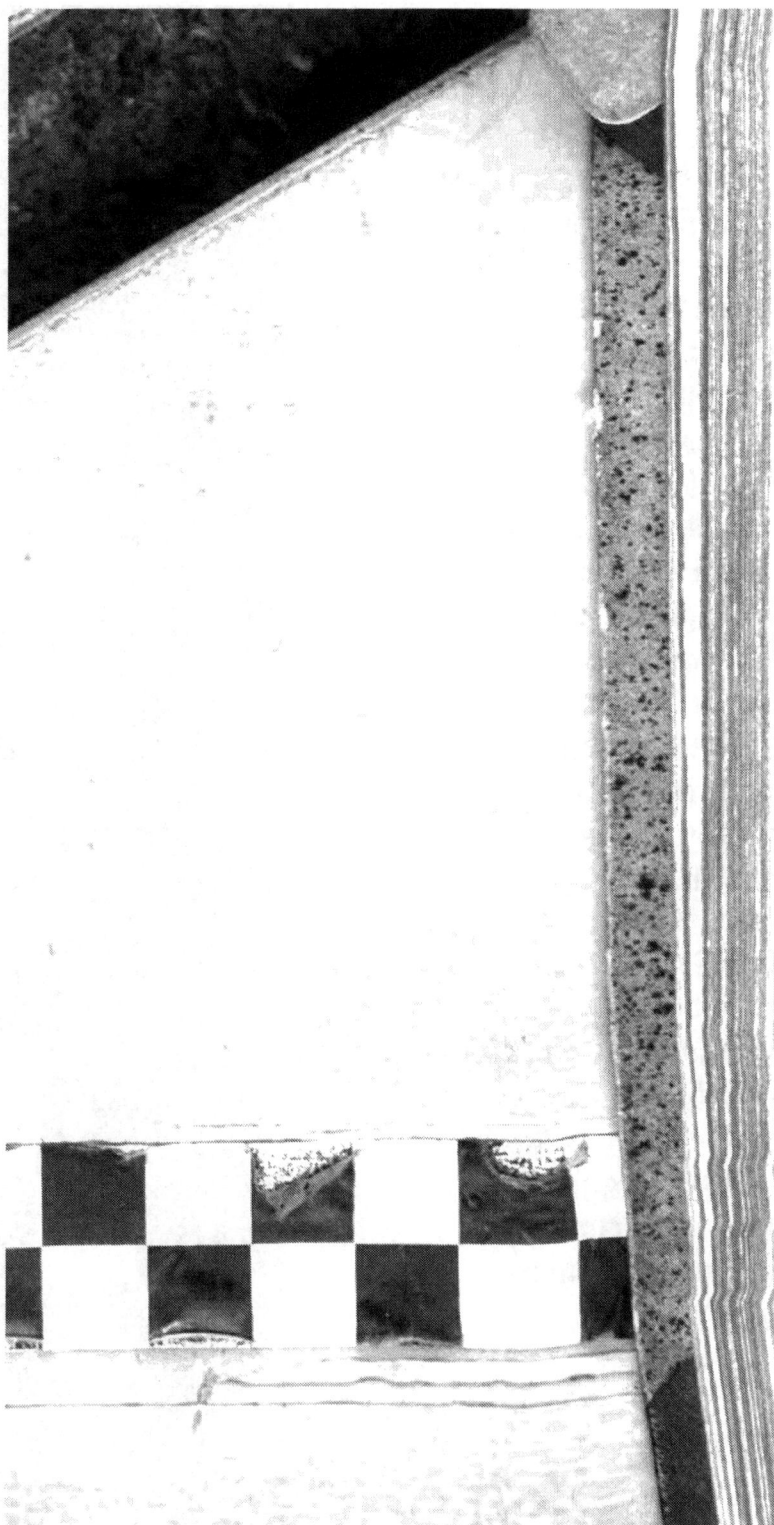

unbegreifliche Fallstricke
list.

elten durch besondere na-
diese sind sich deren ge-
nigsten bewußt. Andre
en. Ihre Zahl ist eben
ichfaltigkeit der Mittel,
Werth erwirbt, der nur
rer, oft von ihrem Un-
ns selbst abhängt. Da
elche eigentlich in ihrem
derer leben, weder Zeit
, wie die großen Män-
n Angelegenheiten der
und nicht Simplicität
jeder ehrlicher Mensch,
mit ihren Augen zu
under seyn, wenn ihr
usweichen sollte, oder
erkennen sollten, wel-
, ihre Convenienz er-
wird es dann, so wie
nd Einfluß auf unge-
en, auch ihre Conve-
verschließen und An-
n. Und oft geschieht
vegen, was man für
heit, oder der Dumm-

Jetzt

e Leute einem
wußt zu seyn,
: Sache erregt
Beurtheilung
ng im Grun=
ohlgefallen mit
den hat) und
ulichen, einsa=
irgend ein zu=
wie bald wäre
nnt, zu finden
ittel, alle Un=
ine Leidenschaft
Phantasie der
gefälliger Weise
oder der Sache
hat!
aufrichtig. Er
er Entdeckungen
um so mehr, je
ungen in der Fer=
it Eifer und An=
bey der religiösen
ng, die ihm ward,
Eifer ergriff keinen
, wornach seine
Andacht gewann
über seinen Ver=
der Eitelkeit, wel=
enen Phantasien so
gefähr=

ichkeit des belebten mensch=
erläutern läßt. — Der
Puncte berühret werden:
mselben Nu die Empfin=
tseyn hievon. Für Mo=
wischen dem Fuß und dem
um es der Hauptmona=
a aber die Seele in der
örper verbreitete Einheit
ung und Bewußtseyn ohne
oder eins. — Auf die=
en allgemeinen, überall
als eine Einheit anse=
eine augenblickliche sym=
die Entfernung als ganz
Dem sey aber wie ihm
olgende weltkundige Ge=
ziehen, die der berühm=
hreiber, Freyherr von
dänischen Reichshistorie
den des dänischen Hofes
etrift den ehemaligen
ister, Grafen Corfitz
en Gemahlin Eleonora
hristian IV. natürliche
chten haben eine so gro=
tragen, daß sie ihr Blut
nitgetheilet, damit bey
ignenden fatalen Treu=
dern Schicksalen wissen

3 „könnte.

huldige Vernunft so lan=
rmattung und Verzweif=
a sagt, und dann wird
niß gegen sie gebraucht,
indniß heißt. „Das
an dann, weil durch
ation dafür gesorgt ist,
rden konnte und nicht
nn einer untersuchen,
chdenken, wenn man

Mährchen ist Uhle=
r Stender zu ei=
iefen und unbegreif=
ympathie genannt,
bursche, das Gärt=
Spinnerin, die
ch unglaublicheres
m den Nachdruck
e der gottesfürchti=
hat. In einer
hon als halb vol=
geist bekehrt hat!
r Offenbarungen,
s zu Theil wor=
en, der so hohe
ungen gar nicht
so zu einem de=
t seyn müssen;
Werkzeug der
Vor=

ng eine Menge
en zu setzen fin-
hört. — Eine
nnes Blut mit
enn er auf dem
chsam die Nach-
enhagen empfin-
Todesschauer ge-
geschlachtet wur-
nken hatte? —
aur daß die Ver-
inken leichter zu-
das Oeffnen der
emeinen überall
den man „ als
o darf man die
lich ausnehmen,
reiteten Natur-
; denn wenn
rigen sympathe-
besondere Auf-
lichen Bluts ei-
gstochter haben,
ür sorgen sollte,
als gräflichen
nach einer gräf-
nden: so wür-
Naturgeist sich
machen.

mmenen Ausfluß,
n stehendes Eisen
So unbegreiflich
geistig sind ihre

dieser deutliche
lgewählten Ueber=
ngen, sowohl in
ls „besonders bey
n Cicero in seinen
Götter an zwey
gara ein merkwür=

mmen, alte Frauen,
odtengräber in die
t so gut bewandert
des Cicero, der
rch hundert ändere
Inhalt zu ersetzen,
kwürdige megaren=
ntlich der Mistwa=
hnliche Rolle spielt,
t nur, nachdem er
der Kinderwärterin=
uf denselben Grund
hen Künste, welche
ufel zuschreibt, und
verlachet.‟
Stenders Hand
t, was der Pöbel
blind=

Schritt, um wel
, deren Wirkun
scheidenheit schon
daß es ihnen nur
ergründen zu wol
nungen, und in
n Kräften der Na
l sie ihre Wirkun
tersuchen und zum
Kräfte des Men
anwenden, selbst
en dann auch un
Gränzen beobach
so weit ihre An
en vermag. Be
sind, ist es für
Gewinn, einzuse
, und uns in be
, in vorkommen
e lediglich von ei
gkeit abhängt, zu
Einbildung, Wahn
rößten Männer in
ß geworden, daß
atürliches Bedürf
n Gedanken stren
Daß sie, im großen
s lernten sie durch
sich selbst zu vert
tliche Begriffe ha
ben

rüfen? Eine Ge=
ten zu erkennen.

r einem Jeden in
r ehrliche Natur=
isse über die Grän=
und Beurtheilung
mögliche thut, sei=
g zu unterwerfen,

es fast zur ersten
rn macht, selbstbe=
Glauben thun zu
enschäft mehr, als
e Meynung, wel=
hat, um sich Ge=
wenig oder nichts
Sorte machen kann.
er wirken, weil es
r beschäfftigen; je
Begreifliche sehen
nmen damit zu En=
n sie ihren Verstand

Cedrinus nun
n war, hatte seine
um in dem Unter=
ehers Befriedigung
dungskraft so unbe=
ren gezeigt, daß er
nen geduldigen Hö=
trag auch ausfallen
möchte.

hülers verhalten

ngen und Lehrsätze)
lt und der Cörper,
ichen Beystand er-
agegen sprach aber
wie Gott die Welt
ertraulichkeit, wie
eigenen Gedanken
deren wechselseitige
so auffallende Er-
hehen, und deren
che Beschaffenheit
ie aber nur gemei-
ern Tagen und vor
ier kaum gehofften
de erforscht haben,
ot kennen; aber sie
gehelmen Geschichte
ristenz. — Was
uler und Priest-
achtungen über die
haben, und auf wel-
obachtungen diese ge-
t hatten, dabey hielt
eine brüderlichen Zu-
uthungen war in die-
, wie für Beobach-
unmittelbare Gewiß-
Und über das Licht

L 3   ward

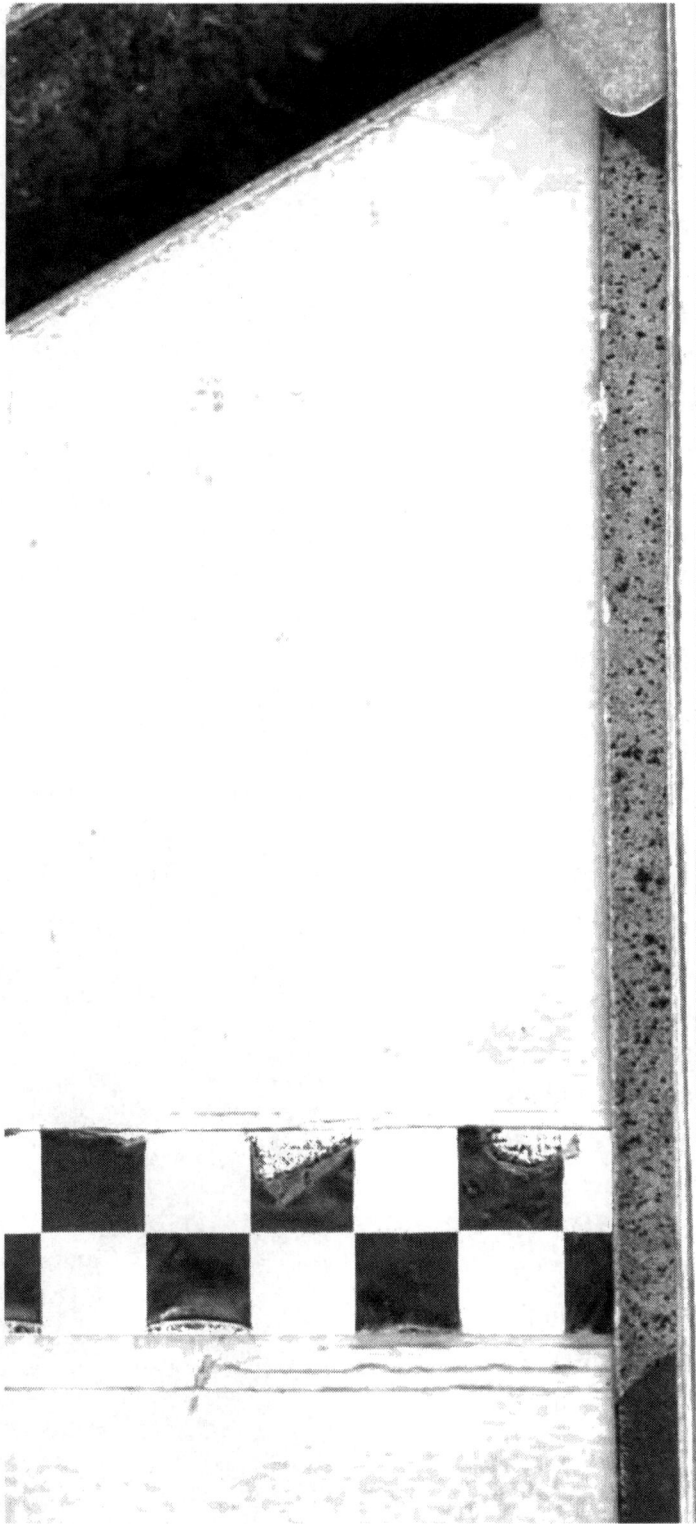

n Klumpen aus=
zt und vom Feuer
n Klumpen, lau=
richt das alte Di=
k, nicht beleidigen
das allmächtige
rschaffen worden.
nförmlichkeit ward
ie, worin alle Form

in solchen Zirkeln,
nicht durch zu leb=
ch genug hinaufge=
ung, die ihm wird,
offnung des künfti=
nen, dem verschließt
rung, als daß man
ie geheime Weisheit
anken, deren Schatz
im Credit erhalten,
Zettel zu verlängern
ert, darauf ist nicht
Hauptsorge ist nur,
u früh errathen wer=
chon bey dem Anfan=
er Schüler, der noch
tte, um begreifen zu
it der Ursprung der
eiter nachfragen wol=
eine voreilige Wißbe=

4   gier,

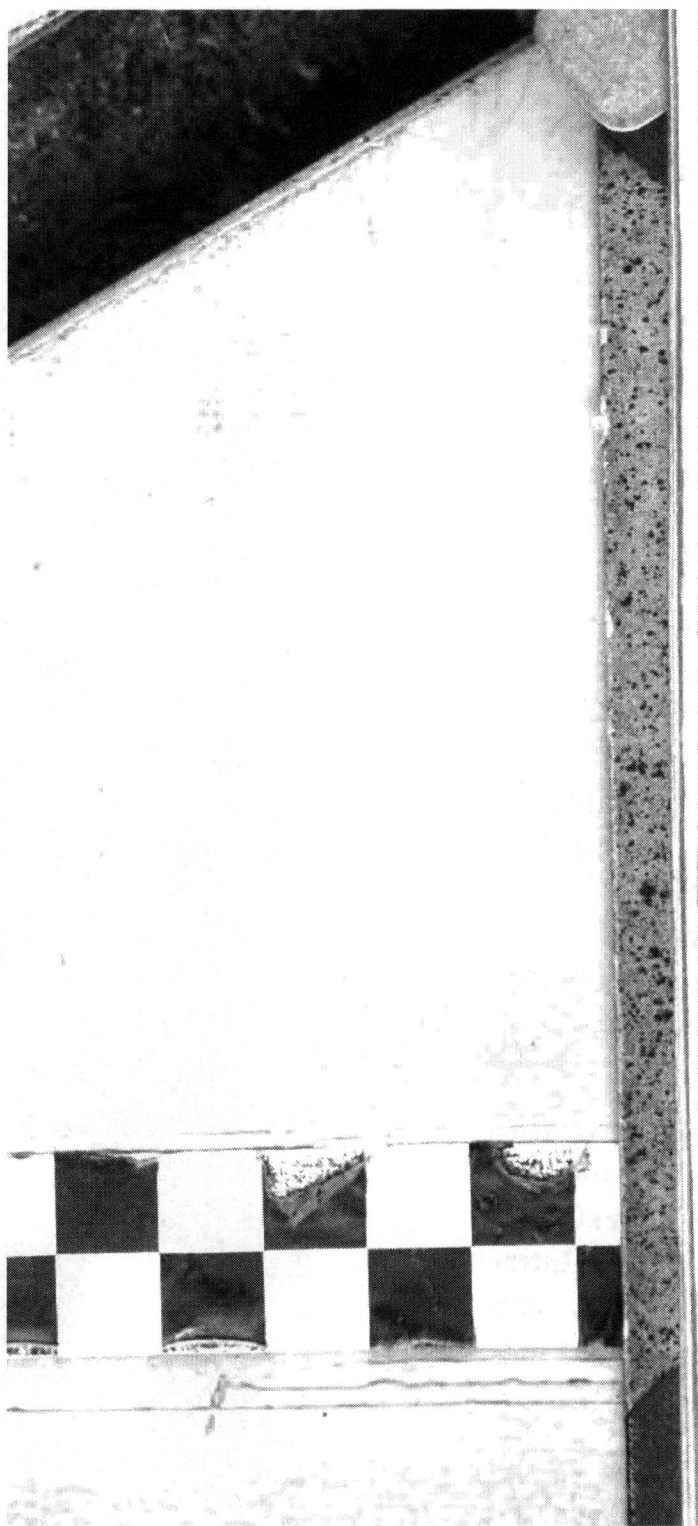

os sollte ganz er-
— Man war
y dem Chaos den
hten. Von dem
fung in eine Welt
ward auch gespro-
iding existire. —
: nach dieser Theo-
dick und unrein,
edem seiner beyden

von dem groben,
Unter-Chaos ge-
iften, Tugenden,
aturen erster Claf-
hin das förmliche
und die Reinigkeit
iesem Unter-Chaos
Form wirklich sind,
ios die Ober-Crea-
Craft und verborge-

n. Offenbarer Un-
is fein ist, und ein
Das Ober-Chaos
doch hat das Unter-
r-Chaos hat, und
Mittel-Chaos hat,

5   Frey-

auf minder reinen
nd wie kann die
iefsten Dunkel und
terhalten werden,
an etwas Theil
hat, oder indem
Licht sich bequemt,
tiefste Dunkel hoch
zu seyn? Finster
niß, und Licht im
bey dieser Theorie
er Salomonischen
thwendig ist, das
inheit in der Grob
Ohnmacht offenba
re Geschäffte wenig
nsterniß schon Licht,
it, und die Ohn
Sonst käme nur Un
der Wahlspruch der
Feindschaft seyn; da
e Vermengung und
Chaos nur für den
en will) alle Wider
ehoben werden. Die
as Unter-Chaos be
aos gehört, und das
eigentlich das Unter
s Mittel-Chaos aber
er beyden Nachbarn
ver

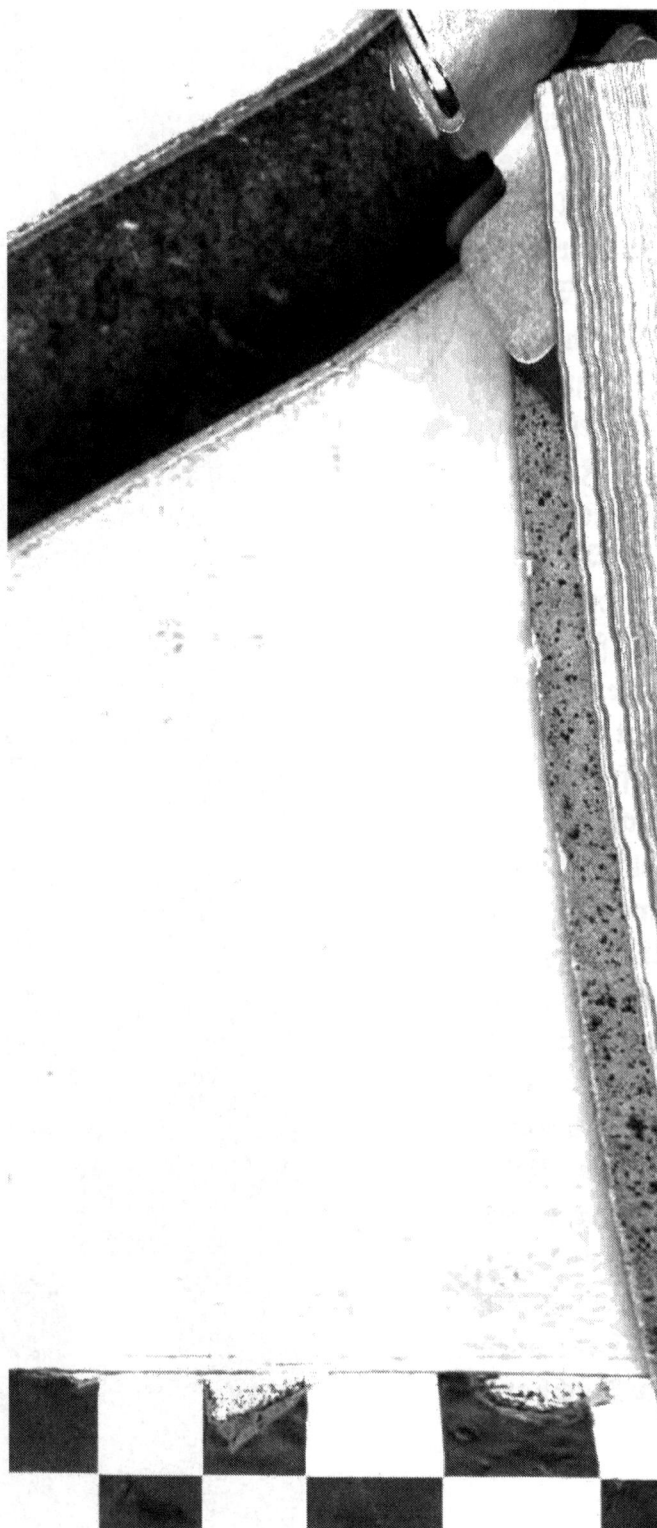

Der grobe Geist kann
er. Chaos, der feine
os, und der, welcher
ist, wird doch Geist ge=
bst in das Mittel=Chaos

von der Theorie der theo=
Salomonischen Weis=
gen des hochwürdigen Ober=
rg den Lesern hier vorzule=
rfasser, wie er glaubt, mit
übrigt. Die Beschwerde der
mepnt, größer seyn, als die
den alten egyptischen, orphi=
ern gnostischen, oder auch nur
theologischen Fabeln des letzten
ahrhunderts, den unsinnigsten
kannt ist, würde nichts Neues,
dem alle dieß unbekannt wäre,
h etwas Unterhaltendes lesen. In
den heroischen Neigungen, die es wa=
der Langeweile und dem Ueberdruß
en, eine Nachweisung zu ihrer wei=
zigung keineswegs vorenthalten. Es
thentische Nachrichten von diesem wei=
men und heiligen Zirkel schon 1785 in
ter dem Titel: der theoretische Grad
K." gedruckt erschienen. Freylich ent=
Büchelchen nicht die Vorlesungen des
bigen Oberverstehers zu Hamburg in
offen=

an muß
nn man

Verſtande,
ß des Vor-
befriedigung
dennoch von
ermag, als er
chen Hefte des
vorleſen zu laſ-
, als der Ur-
etiſchen Brüder
dieſe Erſcheinung
ungsvermögen des
Unſre Augen ſind in
beſchäftigenden Zu-
was noch nirgend exi-
ruhigten Einbildungs-
hrzunehmen, was um
wirklich vorgeht. Was
wir in einer Art von Ab-
mehr Bewußtſeyn, als im

llſchaft wei-

och nicht allge-
Natur der My-
geheimen Geſell-
ng die Anmerkun-
en weniger bey der
er hätte veranlaſſen
t ſeine Erfahrung zur
Beſorgniſſe der hohen
digen Obervorſtehers in
eſen waren. — Eine ge-
en Zerimonien durch eine
enkunft der Publicität der
verantwortet werden, hat nicht
zu thun, als ganz ungeſtört
Wenn nur ihre Mitglieder ſelbſt
g genug ſind, um die Authenti-
tenſtücke öffentlich anzuerkennen:
Publikum irre, vergißt bald, was
at, bekommt ein Mißtrauen gegen
ten, welche Geheimniſſe verrathen,
nützte nur ein ganz auſſerordentliches
ſeyn, wenn die geheime Geſellſchaft nicht
eſchreibung überleben ſollte. Welche Zeit-
en welches Grades der höhern oder niedri-
Freymaurerey, der Tempelherren und Illu-
naten, der Schotten und Altſchotten, des Sp-

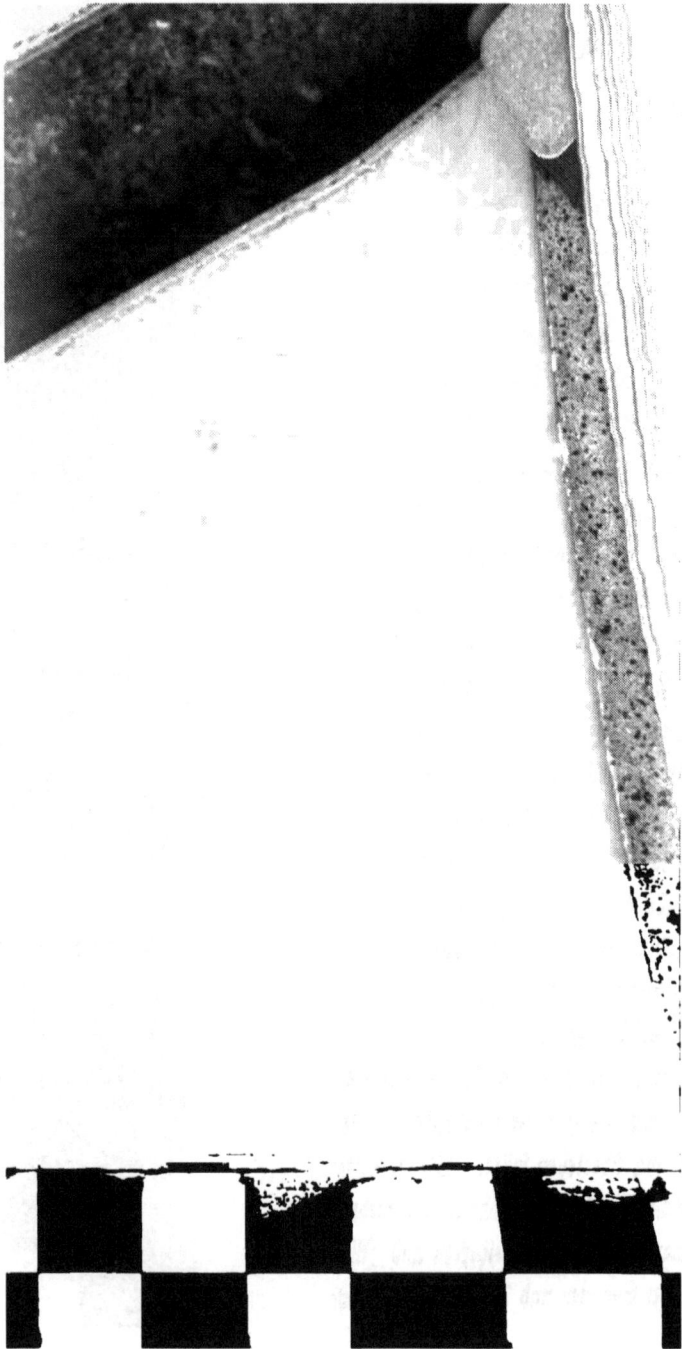

r Einkünfte ver-
-inskünftige kein
sich zu diesem Ge-
sfnahme etwas be-
m Zirkel unverwehrt,
Ades, welches bisher
gesandt war, von dem
ntrag zu ihrer Requi-
lassen.   Dieß fand nach-
yn Gesellschaft der theore-
att, und jener Beytrag war
das Quantum, welches vor-
Receptionsgeld, führte.
n durch diese Veränderung das
welches vorhin in Gestalt einer
Gebühr den hohen Obern zuge-
nd jetzt eine Stelle in der Requi-
s Orts finden sollte, als eine Sache,
aerksamkeit so hoher und so unbekannter
o sehr beschäftigte, einen größern Grad
htigkeit erhielt; so machten die Brüder
iter keine Anmerkungen darüber.   Sie
uchten weder, ob dieß Geld eine Art von
ausbpreiß wäre, noch ob die herausgekom-
e Schrift, welche die Geheimnisse jedem
uuser für wenige Groschen mittheilte, Ur-
che der neuen Einrichtung sey.   Es war nichs
hr Beruf, zu untersuchen, sondern zu befolgen.

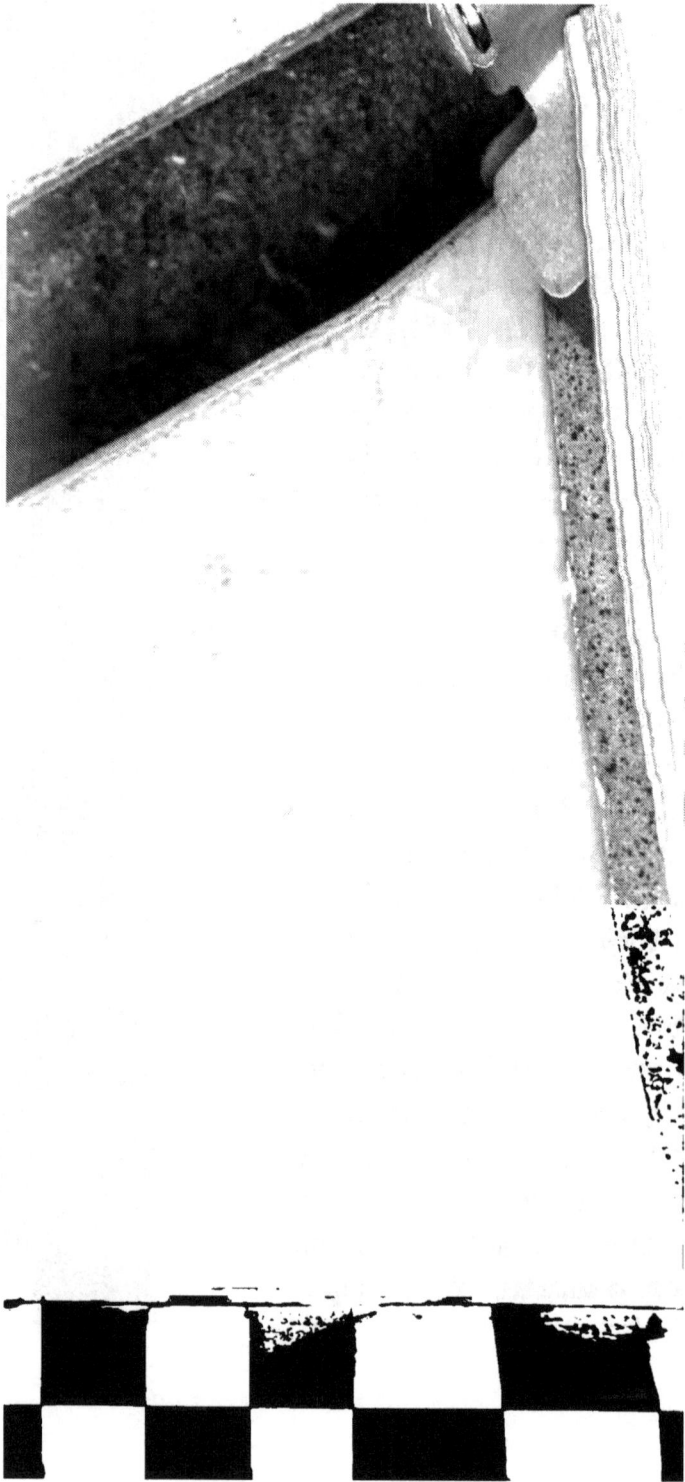

der Gold = und Rosen=
opeyen alter Manuscripte,
eltsames von diesen Män=
ne Gelehrte, aber auch zu=
nen hatte, und glaubte, daß
ange schon erloschen wäre.‟
ie Erzählung des Wirths mit=
ermuthet, ein reisender Herr,
nn aus Bosheit umgeworfen,
seinen Willen die Nacht fahren
iese Papiere verlohren, und der
ugt mit kurzem bey, wie er „die
ch gebracht, um sie dem Eigenthü=
er ihn antreffen würde, zu behän=

ganze Geschichte muß für einen Jeden,
hr in ausländischen Romanen belesen
n gewissen Reitz der Neuheit haben.
aus aber interessirte sich besonders für
enden Theil der Erzählung.
Wem etwa bey diesem Handel meine Neu=
e verdächtig wäre, dem würde ich nicht viel
gegen setzen. Ich bekenne aufrichtig, daß
mir durch diese Schriften mit wichtigen Ent=
kungen geschmeichelt hatte, da mir die Auf=
sung fremder Karaktere und Ziffern nichts Un=
nöglliches schien, und mich ehedem stark beschäf=
tigt hatte. Allein aus diesen kann ich mit aller
Mühe, die ich darauf verwendet habe, nicht

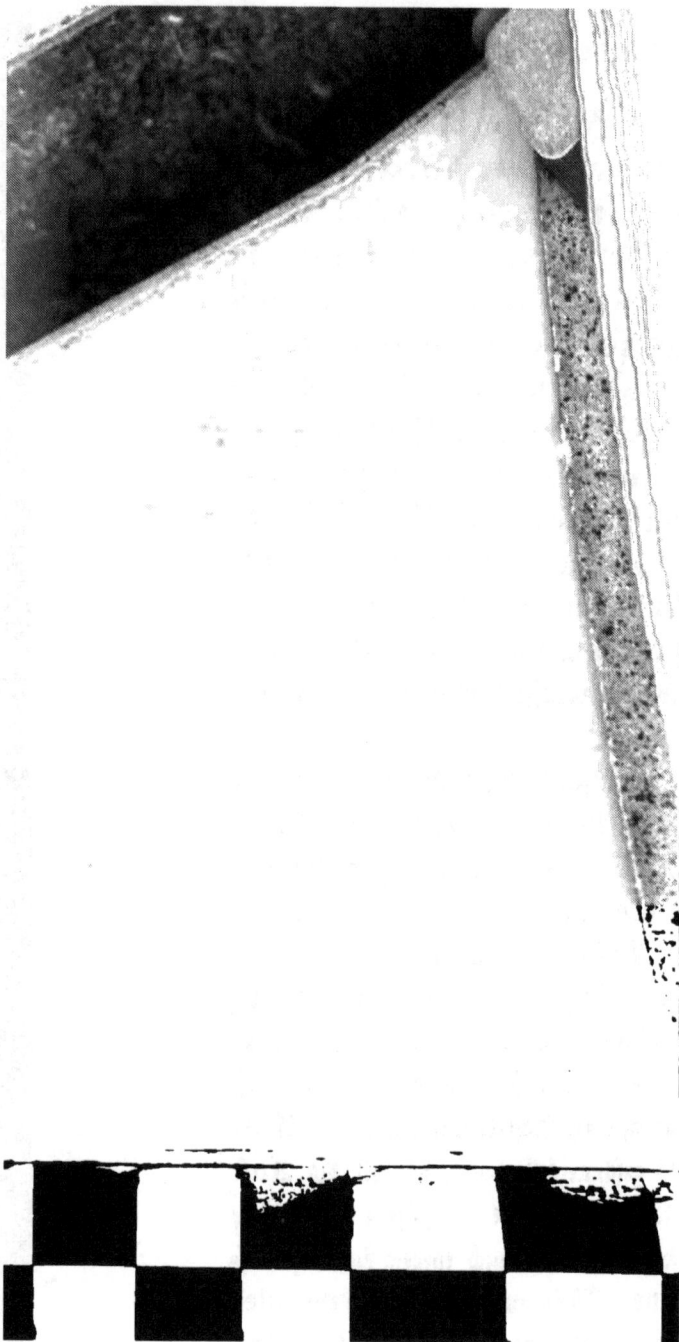

zweck unserer

mich schon so

r mich nichts zu

gentlich bestehen.

genommen wird mich

daß ich sie dem Druck

ser auch sonst noch ei=

Neugierde vieler Brü=

seyn kann. Wenigstens

nde danken, die mich über=

e Gold = und Rosenkreu=

erloschen seyn, denn alle

die ich in Händen habe,

diese berühmte Gesellschaft

ch noch aufrecht stehe."

hatte nie mit Gelehrten über die

esellschaft der Gold = und Ro=

esprochen, ihn hatten keine geléhr=

überredet, daß sie nicht mehr existi=

aß sie je existirt habe. Er fand alles

: in dieser Vorrede, wo sie ihm als eine

aft dargestellt wurde, die nur den Ge=

bekannt gewesen sey, aber sich gleichsam

hren Augen verlohren habe. Daß ihre

cal strenge war, mußte sie einem Jeden,

es mit der Moral aufrichtig meynt, nur mehr

npfehlen, und daß, was sie von der Natur=

nd Heilkunde mittheilte, dem Herausgeber der

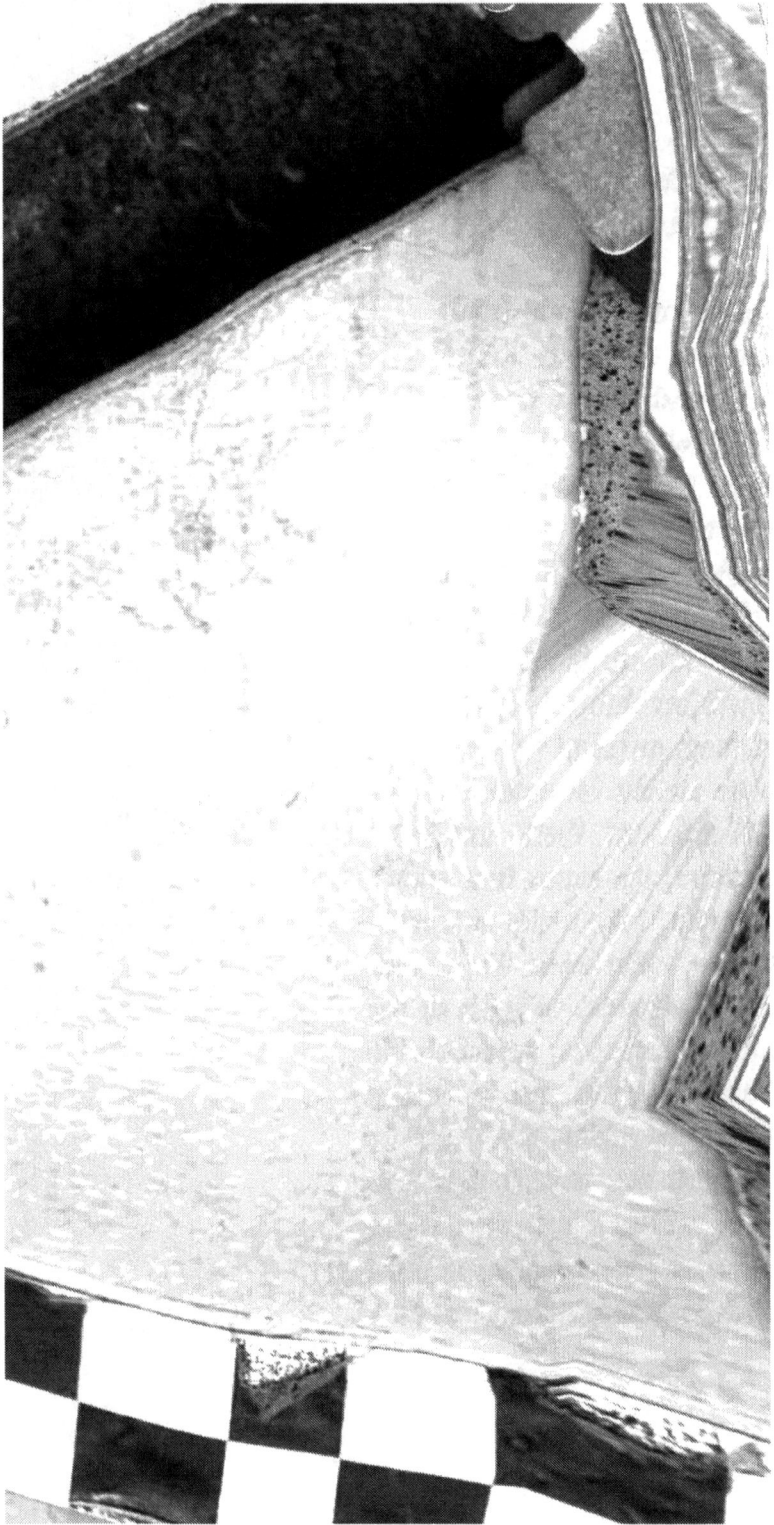

famfeit, die weder
ie eine, noch unver;
n der andern Parthey
Gränzen des Zusam;
ang so lyrischkühn hin;
as ein menschlicher Ver;
t begreifen kann, mit ei;
altsamkeit in ihren Einen
ngt, worüber man bey ei;
t dahingerissen zu werden,
der ganze Beweiß für die
chen Kunst in nicht mehr
— in einer höchst mangelhaf;
eht, die sich der Redner aus
u verschaffen gewußt hat.
ßigen Andern nichts zu geden;
Redner S. 15 „beobachte man
mit ihrem Eye! Dieses ist von
ehr, als Bley vom Golde, als der
asen, und die Dornhecke vom Zeder;
chieden. Braucht aber dieses todte,
e Ey wohl mehr, als das Brüten der
er eine demselben ähnliche Wärme
st, um zu einem lebendigen und orga;
Thiere, und sofort durch die nachfolgende
g zu einer erwachsenen Henne verwan;
werden?“
a es männiglich bekannt ist, daß der el;
che Stein der Weisen in dem tiefen Ge;

hie handelt in dieser Samm=
unter dem Titel: "Anrede
ten Brüder, von der er=
s jeden vernünftigen Ge=

Pflicht eines jeden vernünf=
es ist der Rede zufolge die Er=
tes. — Was bey den vernünf=
innigsten Männern nie etwas Ge=
gemachteres und Befriedigenderes
als Wunsch, Glaube und Hoffnung,
: ersten Pflicht eines jeden Men=
cht, die er erfüllen oder seinen An=
eine Stelle in dem Reiche der vernünf=
en aufgeben muß! — — Hier kann
rzähler dieser Geschichte unmöglich läu=
tern, seine Leser wieder an das dritte Ka=
ersten Buchs zu erinnern, wo am En=
hlt wird, wie in den Logen der untern
aurergrade von der Kantischen Philoso=
gesprochen ward. Der Mann, der so da=
sprach, der Kant so pries, der seine Philo=
ie fast als etwas Unerforschliches und Heili=
zu rühmen pflegte, der auch in den Augen
es Jeden, welcher die Schriften jenes tie=
n Denkers nie gelesen hatte, ein Kenner
ieser Philosophie zu seyn scheinen mußte, war
— eben der Obere, der Vorsteher der
theoretischen Brüder der Salomonischen

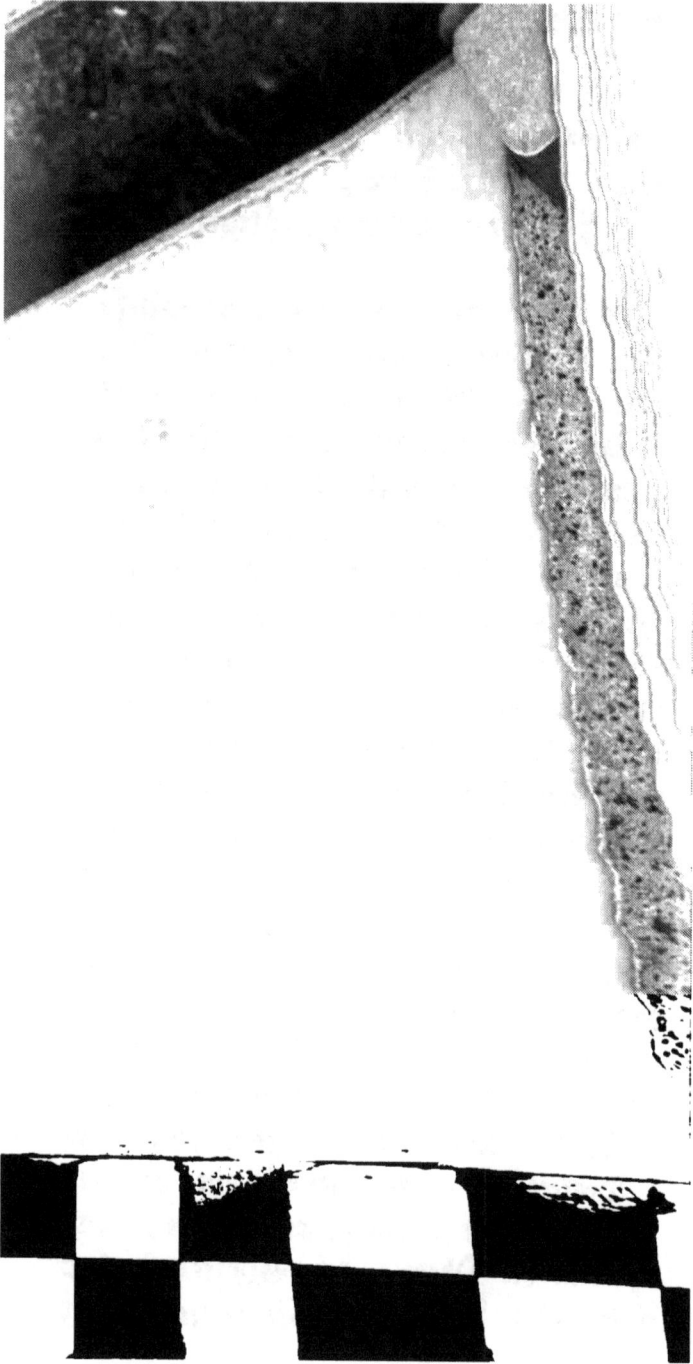

unbekannt war, als daß er
lich zu nahe vor Augen lag,
r können, wie es beschaffen

gstes Capitel.

nn Gottfried Jugel.

riften sind mannichfaltig, und es
als ob der Mann sich um Erkennt
r viel Mühe gegeben habe, ohne
erken wie oft bey seinen Untersuchun
er Witz die Stelle der ruhigen Beur
etreten hat, wobey ihm die Eigenliebs,
er lehrt, als lernt, vielleicht am aller
sten geworden ist. — Die ganze Na
sam aus Einem Standpuncte zu über
azu gehört ein großer Geist, dem eine
Einbildungskraft dient, der sich aber bey
hätigkeit seiner Phantasie dessen bewußt
as die Phantasie thut, und daher nie das,
r sich nur einbildet, mit dem verwechselt,
alle Menschen erfahren können. Wer sich
ein Bild der Natur in seiner Phantasie
fet, und schwach genug ist, an dessen Existenz
glauben, kann nur zu leicht Witz genug erlan

Decker unter dem Titel her:
Johann Gottfried Jugels
CA und PHYSICA SACRA:
Eine Offenbarung
baren magnetischen Anzie-
natürlichen Dinge; und ei-
etrachtung der Grund-
sich die allerhöchste Einheit in
ffenbaret hat, und aus dieser
Einheit gehen soll. Zu Lob und
öchsten Einigen Gottes."
„Zu Lob und Preiß des höch-
Gottes" thut bey gewissen Bü-
hr eben so viel, dem Inhalt durch-
bey andern Schriften, die Anzeige,
Besten der Armen oder einer abge-
amilie, verkauft werden sollen. Man
letzten gewöhnlich nicht ohne Mitleiden
d'; und wenn dieß Mitleiden zwar eigent-
uf die unglückliche Familie ausgedehnt
oll: so hat es doch fast immer auch auf
ritik einen so mildernden Einfluß, daß der
tige Schriftsteller im Grunde den Armen
viel Verbindlichkeit schuldig wird, als die-
en. Eben so versetzt uns auch leicht ein
ftsteller, der sich selbst als einen Mann an-
igt, welcher zur Ehre Gottes schreibt, in eine
sse ernsthafte Stimmung, worin sich Erwar-
a und Bescheidenheit zu genau mit einander

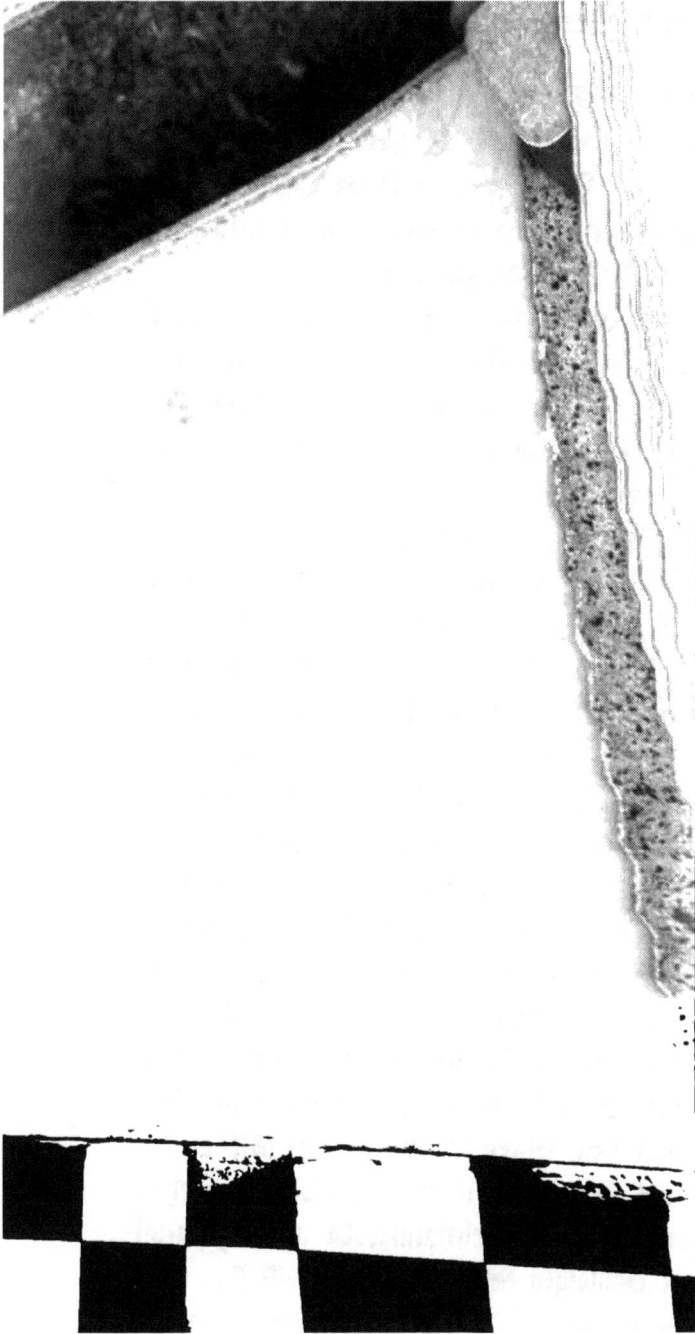

rst Mühe giebt, und großen
se Periode zu verstehen, ist
ge, sich zu allen Offenbarun-
m versiegelten Buche und aus
Welt vorzubereiten.

Hier vieles von Agens und
rlichen Wirkungen, worin aber
ht, oder wie dasselbe eigentlich
bleibt immer eine Sache, die
antworten steht."

Jugel, der in der That kein
scheint, welcher etwas scheuete, das
ist, macht doch einen Versuch, und
r findet, die das Schwere nur eben
euen als er: so können Lehrer und
weite und gar lange Reisen mit ein-
en. Denn der Mann geht mit der
der Welt um, wie mit einem Paar
Wie etwa ein großer Liebhaber der Ver-
gs-Methode im Unterricht einen Weis-
erigen Knaben der die „wunderbare We-
eines Stiefels nicht begreifen könnte,
Werkstatt des Schusters führen würde, da
dem Werden des Stiefels vom Zuschneiden
auf den letzten Stich von der bildenden
des Meisters mit eigenen Augen zusehen
e: so winkt der geheimnißvolle Herr Jugel
ein geduldigen Leser, der lernen soll, was
ens und Patiens ist, ihm nur getrost zu folgen

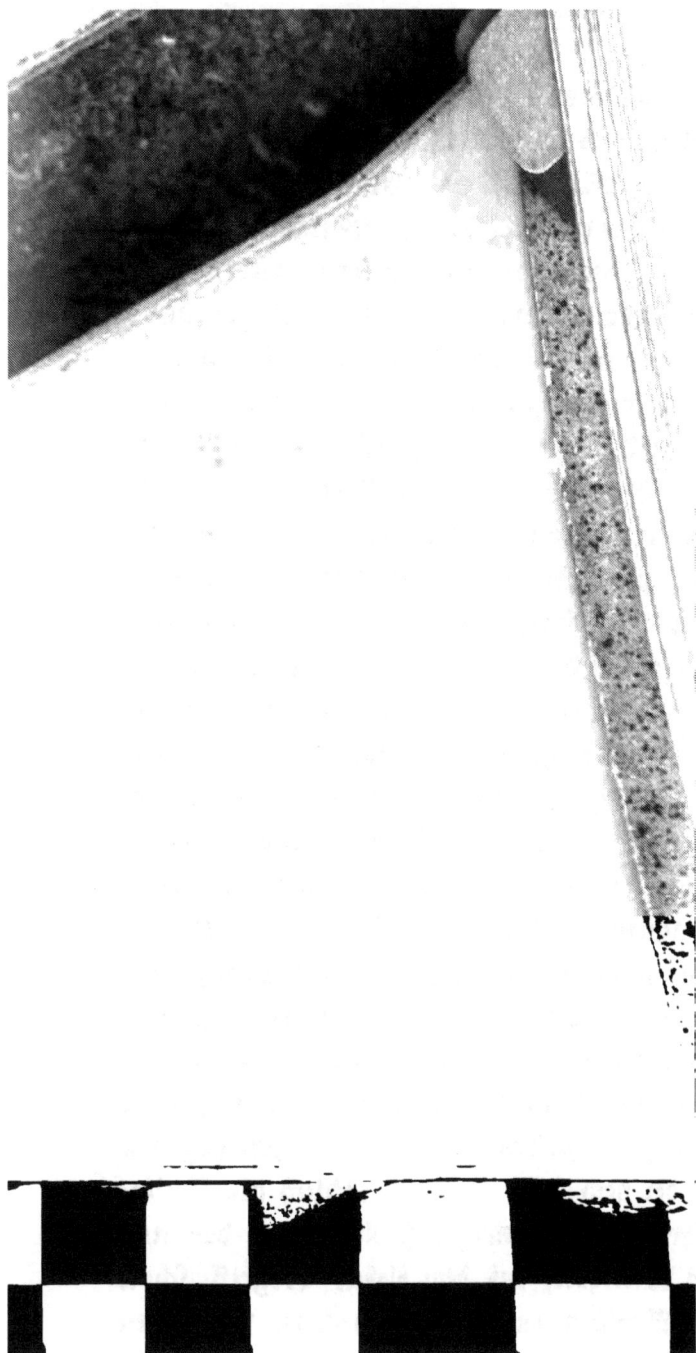

fallen, unsere unterthänigste
dings nicht versagen können,
orwelt oder den Erzählungen
sereuropäischen Welttheils, den
ße See von unsern Lastern ge-
e glauben, daß es einst hie und
, von unserer Art und Kunst ab-
schen gegeben hat oder noch giebt,
und ihr Leben für andre ihres
r Menschen daran setzten; die nicht
d bezahlen konnten, der sie dazu ge-
gepeitscht hätte, wovon weitere No-
en, indessen, wir, als gute Patrioten,
riget sind. — Liebende findet man ja
en geschildert, und die Kenner unsers
o unserer Zeiten sind darüber einig, daß
e Predigten über die Selbstverläugnung
vissen Classe von Menschen nie die Hab-
ben abgewöhnen können, eben so auch
omanen-Lectüre in unserm Zeitalter die
ber nicht uneigennützig machen kann, daß
er dieser allerdings sehr geachteten Erfah-
gleichsam zum Trotz in vorigen Zeiten, in
ern Gegenden oder wenigstens in den Fabeln
Dichter, wirklich liebende Menschen gegeben
oder noch giebt: — Was endlich die Philo-
hen betrifft, so kennt diese ein jeder, der nur
s Wort hört, aus dem bloßen Begriff schon
ür Menschen, an welche die andern Menschen

hen giebt es in der

phen. In alles, was

oder wovon sie auch

en, wovon sie nur träu-

 une kleine Seele hinein,

klumpen und den Roßkä-

aß sie so allenthalben und

. — Ein Theosoph ist mit

solung seiner Träume diesen

) auf dem schmutzigen Pelz

und den nächsten ein Engel

en Throne des Weltschöpfers.

ach die Geheimnisse aller, und

ionen des Weltalls nach demsel-

wie die Schritte des Flohes.

inen alle Theorien der Theosophen

liches Ansehen zu haben. Es ist

nde lauter Verwirrung, durch mensch-

angedeutet, und nur weil keine Be-

Grunde liegen, läßt man sich eine

ab vorschwatzen. Glücklich, wer nur zu-

nicht von der einschläfernden Melodie

oben, selbst anfängt, mitzuträumen!

ie weiß Herr Jugel den Menschen zu er-

! — Alles in ihm ist lauter Magnet, coa-

er und nicht coagulirter Magnet, Leib-

gnet und Seelen-Magnet!

„Licht und Finsterniß,“ sagt er im fünf und

eißigsten Paragraph,“ sind die beyden Aus-

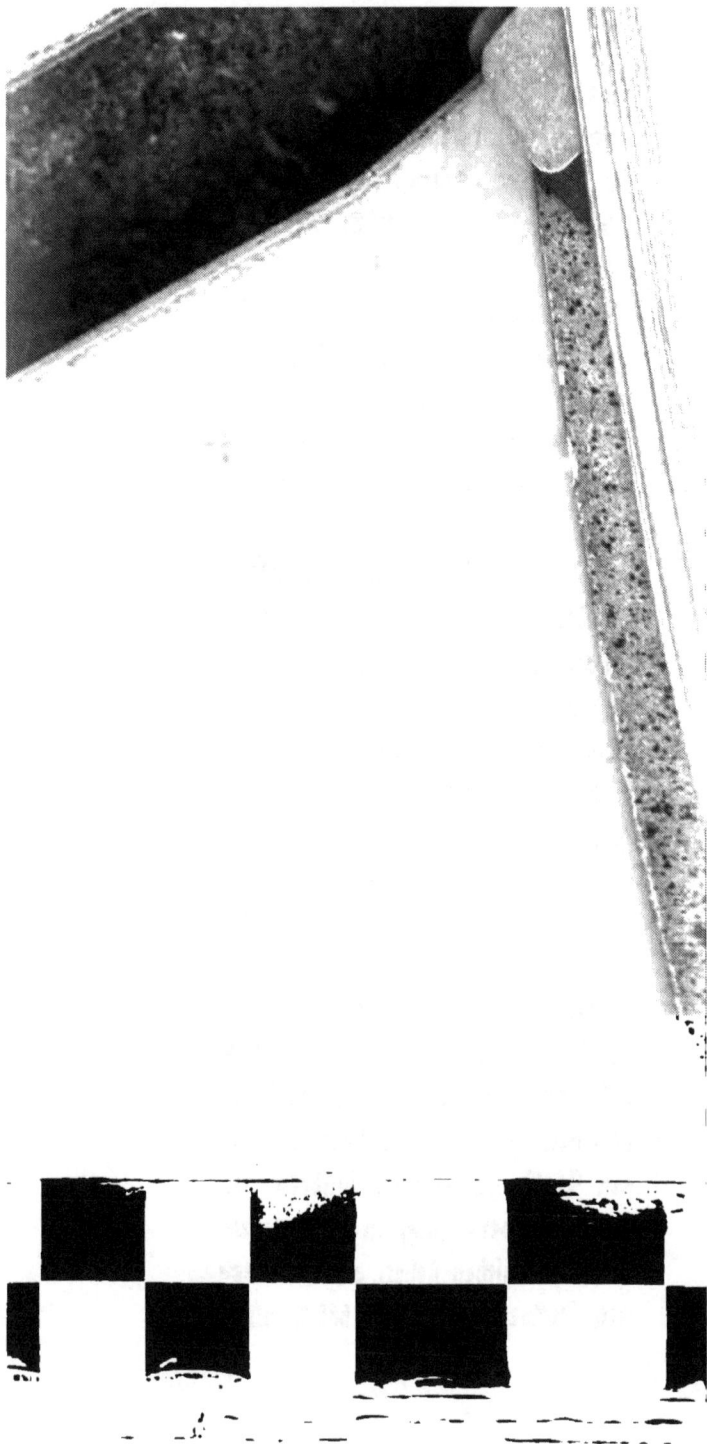

und Freundlichkeit,
rechen pflegt!"

er Leser aus, der bis
Unsinn, worin nicht

t kann dieser zweyte uns
yn, der „zu keiner sicht=
racht werden kann" und
theit imaginiret" wird?
ers, als — die Ima=

aft! die Einbildungskraft,
) Aristoteles, Locke, Hu=
marus, Kant, Platner,
Männer, die ihr eure unbegei=
Begriffen beunruhiget, tretet
hl des Anthropologen, aller An=
ßen Johann Gottfried Ju=
e brauchen, um Theorien zu bil=
t die Weisheit Johann Gott=

so beschriebene Magnet erweiset
eyerley Wesenheiten, er liegt im
r Arme! Wie wird er in heißem
t können! — „wie bey denen Mag=
ten Classe zu ersehen, sondern in
tion und Bewegung, in welcher zu=
ist des Menschen stehet, aus der ver=
sern Influenz gutes oder böses, oder

e Geſchichte

eines

'reuzers.

es Buch.

senkreuzer.

e eine Lectüre, wie
zesehen haben, den
aufe, und in den
Vortrag des Hoch=
nicht weniger Zeit,
eit; auch zeigt der
weniger verschiede=
n Schüler ist jede

1784 kam Bru=
e, nicht ohne eine
nahme: »er sey so
chen Obern Erlaub=
rinus im Orden
die Geheimnisse ein=
Und noch ehe Ce=
te, zu antworten,
der Miene und halb
ber ein sehr wichti=
hl gethan habe, kön=
.   Von den Ver=
nähme, könne keine
en entbinden! Er
ernsthaft überlegen,

Es

ıth und der Ge=
ılar vorkommen,

Er schrieb, wie
ttel erhielt keine
gehörigen Orts

) erschien Bruder
em **Cedrinus**
ıß erhalten hábe,
zen. In einigen
, Ort und Stunde
nft viel Nachdruck
Cedrinus, die
zebenheit ja zu ei=
wissenhaften Zube=
dessen würdig seyn
n sollte. Er em=
ıstbarkeiten zu mei=
über kein starkes
und sich auch den
n, den die Ehe er=

ılt er eine schriftliche
hn einlud, Nachmit=
s Hochwürdigen ***
zu kommen, wo der
ein Zimmer anweisen
so lange aufhalten
rschiene, um ihn wei=

4   **Cedri=**

worten, welche Cedrinus nicht
halten hat.

te Bruder N — ihn hinein. —
Frage an ihn: „Sind Sie ent=
er mit uns zu vereinigen, um
und Tugend zu erlangen, Gott
em Nächsten zu dienen?“ —
nnte an der Stimme den Hoch=
orsteher der Brüder der Salo=
t. Als er „Ja“ geantwortet
wortreiche Mann eine lange
ihm mit vieler Gravität die
legte, welche zu erfüllen Ce=
nehr anheischich machen wür=
in Heiligkeit und Wichtigkeit
:s sonst Pflicht genannt wird.
m die Hände los zu binden
den Augen zu nehmen.
Cedrinus in einem ge=
on einem in der Mitte hän=
erleuchtet. Auf dem Bo=
kleiner viereckiger Teppich,
oder Ringe, einer um den
t waren; ein rother, ein
d ein schwarzer. Jenseits
t Tisch, mit einer grünen
dem Tische war auf ein
gläserne Kugel gestellt, mit
d zur Hälfte schwarz ge=
s erfuhr in der Folge, daß

P 5   dieß

irat." — Er mußte
iner reellen Erkennt-
sd'ors begleiten, wel-
ersicherte, von dem
ären. Daraus hat
mvirat eine anschau-
elde des Cedrinus
vechselseitige Offenba-
m hat aber nie Statt

apitel.

gen.

gungen, wodurch Ce-
chten in dem Neben-
ir Zeit gewinnen, uns
die, doch in der That,
lichkeit zu überlassen,
ge geneckte Mann jetzt
Grenzen hatten, ge-
ie er nicht kannte.
gewesen, wenn nicht
id die Vorlesungen in
Salomonischen Weis-
rstand und keine Ein-
on einem Puncte zum
s er gleichsam in eine
n Unruhe, Neugierde
und

n, vielweniger einige von den
eilen einer systematischen Ord=
hemische Proceß von Bedeutung
mehr oder weniger Geheimniß.
er, worin die Kunst abgehandelt
auch nur wenige; und mit wenig
n, ja mit mangelhaften Auszügen
: einer schon einen Kunstverständi=
nd wie viel leichter nicht einen Ro=
irkel = Director! — Eine solche
das Allgemeine, und solche Vermu=
ausgebreiteter, wiewohl zerstreuter
harakterisirt unsere ganz neuen Zei=
davon zeigen sich viel Spuren in ei=
, welches ursprünglich zum Behuf der
den Geheimnissen geschrieben zu seyn
enn es enthält im Grunde nur An=
und ausführliche Erläuterungen zu
bekannt gemachten, aber in allen Cir=
rauchten Instructionen und Planen des
das sich aber bey der jetzigen Ausbrei=
Buchhandels nicht wohl auf eine aus=
he Communication in geheimen Cirkeln
nten ließ.
eß Buch hat einen doppelten, sehr son=
n Titel. Auf der einen Seite heißt es:
rke Erweise aus den eigenen Schriften
ochheiligen Ordens Gold = und Ro=
reuzer für die Wahrheit, daß seine in
ruhende Väter von ewiger Thät=

Ω. und

die Kirche viel älter wären, als die Je=

„Auf eben diese Weise," heißt es, muß das
ssen derer beruhiget werden, die etwan von je=
en ein Geheimniß unter dem Siegel der Ver=
egenheit, unter einem Eidschwur oder gar
einem von Seiten des Mittheilers darauf
en Fluch erhalten haben; einem solchen ist
halten:

a) „Daß die im O. Reglement vorgeschrie=
e Anzeige zur Erfüllung des VI. Eids=Pun=
ihn dergestalt sichere, daß dieß Geheimniß
Niemandes Wissenschaft im Orden komme,
blos zur Kenntniß des hohen präsidiren=
Magi."

b) „Daß dieser aber nicht nur das Geheim=
schon kenne, sondern wenn er wolle, auch
leich bereits wisse, daß der anzeigende Bru=
: solches im Besitz habe, und er folglich nichts
deckte, als was schon entdeckt sey."

c) „Daß, da ein jeder Bruder dem Orden
nz zu eigen lebte, er gleichsam mit dem Orden
e Person vorstelle, und also sein Geheimniß
r zu sich selbst sage."

Da es unwahrscheinlich ist, daß Rosenkreu=
e die Geschichte des Cedrinus lesen wer=
: so kann der Herausgeber derselben mit Zuver=
gkeit darauf rechnen, daß einem jeden, der die=
rey köstlichen Rathschläge zu sehen bekommt,
, wenn auch etwas schwacher, moralischer

Q 3   Sinn

r Fach einschlagen; und wenn

: So muß sie sich doch vor dem

ge der Humanität schämen, eine

öffentlich abzulegen, oder, wenn

aß sie in Geheim geführt werden

hre gesunkene Autorität zu beschü

dabst genießet des Vortheils, den

er der Cirkel-Director einer Ro-

erbrüderung hat, des Vortheils der

t. Er kann also, wie irgend ein

sch, in den Fall kommen, sich schä-

sen, wenn nur andre Menschen ihn

Nur die unsichtbaren Obern gehei-

schaften sind davor sicher. Und des-

t auch bey ihnen das Böse so ins Un-

inaus, das sich sonst, selbst bey den

n, bekannten Menschen noch langer

s gewissen Maaßes der allgemeinen Ge-

eit unserer Natur zu erhalten scheint.

nter dem Titel eines Geheimnisses," so

sich die hohen Obern selbst, und nähern

rch diese Erklärung der Ohren-Beichte

f einen ganz kleinen Abstand. — „das in

ach des Ordens einschlägt gehört noch dahin;"

) „Alles, was auf einer nahen oder ent-

nten Weise einen Bezug auf den Orden hat,

b demselben nützlich oder schädlich werden

n."

β) „Alle und jede gegen den Orden verübte

Verrätherenen eines Bruders, sie bestehen,

Q 4   „wores Capitel.

onie und der Maurer-Hie-
glyphen.

hrte den Cedrinus wiede
ier, wo der eschene Stab und
hwert über ihn gehalten war,
nd auf Pflichten, die vor dem
toral so verwerflich sind, abge-
erste Frucht seines Thuns und
ein Wappen, welches sauber
dem Cirkel-Director überreicht
r standen die Nahmen, Ce-
iras, und Edikafron. De
sagte, „die höchsten Ordens-
eß Wappen und diese Nahmen
ala für ihn geschöpft. Er mö-
re stechen lassen, und sich dessen
Schreiben in Ordens-Angele
en. Den Nahmen, Cedrinus
gt an im Orden, die beyden an-
aber müsse er vor jedermann, auch
rn selbst verbergen, bis er von den
rlaubniß erhalten würde, Gebrauch
hen."

n Cedrinus diese wichtigen
m Orden erhalten hatte, schritt der
ruder Cirkel-Director zur Erklärung
und Bilder, die dem Eingeweihten

Q 5   schon

eiteln Glanz erborgte, behielt man
he, wie alle Zeichen der alten Hand-
gissenhaft bey. Denen schien nun
l fehlen, weil den vornehmen Leuten,
nit abgaben, der Handwerks-Sinn
ß das sonderbare Ding, Freymaurer-
Frankreich, Deutschland, und andern
wo englische Sitten fremd sind, hin-
angt ward, mußten spielende Gelehrte,
rmende Halbgelehrte, gar keinen Ge-
zu finden, aus welchem sie die fremde
ig betrachten sollten. So bald man
weiß, was man denken soll, ist das
fertig. Also fing man bald an, aus
kelmaaß und der Maurer-Kelle die ver-
n Unbegreiflichkeiten der Geisterwelt und
tergeschichten zusammen zu buchstabiren.
Rosenkreuzer in dem Kalk gefunden ha-
ber doch das tollste.
alten englischen Maurer nannten jeden
o sie sich in Zunft-Angelegenheiten ver-
ten, so bald dieß nach den alten Gebräu-
rer Zunft geschah, und die nothdürftige
er anwesenden Zünftigen wenigstens voll
ine Loge; der Ort mochte übrigens in et-
Birthshause oder in einer Scheune, in et-
auer-Hütte, oder gar auf freyem Felde seyn.
zünftige Versammlung selbst war die Loge.
Gestalt derselben war ein längliches Vier-
denn so stellte sich die Versammlung. Einer
der

erinnern, daß auf den „Leib=
er Seiten, Scharlacken, ro=
er weisser Seiten ein Schild=
zweyfach, einer Hand lang
t ward. Auf dieses Schild=
Reihen zwölf Steine zum An=
er zwölf israelitischen Stämme,
osenkreuzer läßt seinem Witz
) Geschichte und Gelehrsam=
auflegen. Was verschlägt es
nde, die ganze Welt mit Zu=
enn er dadurch selbst in eine
ngen kann. Das Brust=
allein die „Grundlage" der
s armen Volkes in der syri=
ese „Geschlechter" sind die
Völker des Erdbodens!
nen die vier Elemente, die
ie Welttheile! — Wiewohl
sten des Alters der Salomo=
sser davon geblieben wären.
ar zu sprechenden Beweis,
g in dem Brustschildlein des
ht älter ist, als die Entde=

r ist dieses Brustschildlein zu
s wäre daraus," sagte der
eister mit dem eschenhölzernen
eration aller Völker entstan=
u Grunde nicht einmahl die

arabi

Rosen = Kreuzer zu werden,
r lachenden Stimmung führen

icht vergeſſen, daß er nur eben
er gekommen war, wo er ſich die
jammthenſchnüren, und die Augen
. Es iſt nie ganz Spaß, wenn ei-
r zum Spaß binden und blenden
ann, der einem nach einer ſolchen
wichtiger Miene und einem an-
oſch mit einem goldenen A und O
be in der Hand auch das lächerlichſte
gewinnt immer ſein Spielgrößten
as, was ſchon vorher gegangen iſt;
en weltbekannten Säulen I und B
urer = Loge erklärte der prophetiſche
n für die Sinnbilder von Ewigkeit
für den männlichen und weiblichen
die zwey „unauslöſchlichen“ Saa-
Wirkende und Leidende in der ganzen
Creatur.
Cedrinus ein Kenner der lateini-
nche geweſen wäre und in lateiniſchen
Beleſenheit gehabt hätte: ſo hätte ihm
auffallen mögen, wie ſtümperhaft einige
e in dieſer Erklärung überſetzt waren.
hatte ſich ſeit ſeiner Schulzeit mit dem
icht weiter beſchäftigt.
onne, Mond und Sterne, die in der
rgiſchen Frey = Maurer = Loge ſchon ſeit
geraus

ı dem Fette der Erden wieder
ıden haben."

ıs diese Vertröstungen auf ein
alten hatte, schritt der Cirkel
rung der Gegenstände, die ihm
ım erstenmal sichtbar geworden
fahrungen, die er bey seiner Auf=
enkreuzer hatte machen müssen.

ıe Kreis auf dem Teppiche zu sei=
gte er ihm mit wenig Worten,
der Ewigkeit und diene ihm ver=
ıen Eidespuncte zur Erinnerung
ı Bund, den er heute mit Gott
ädern gemacht habe.

vier Farben bedeute die schwarze
die weiße die Reinigung, die gel=
ıng, und die rothe die Vollendung
Natur=Geheimnisses.

erbindung der Augen zeigte an (was
hat sehr handgreiflich und ohne Aus=
ızeigen pflegt) daß er mit sehenden
ı gewesen, und wie der Mann, der
irkel=Director der Rosenkreuzer seine
eines Provinzial=Groß=Meisters der
Maurerey gänzlich vergaß, noch beson=
ısetzte, „daß er weder Anfang, Mittel
e der wahren Maurerey erkannt ha=
Dieser Erklärung ungeachtet ward ihm
: die Wiedererstattung nur eines Schillings
Gelde, das man ihm für Anfang, Mit=

R 2   tel

zte sich also damit, dem Ce=
den Chiffre zu ihrer geheimen
den Schlüssel dazu mitzuthei=
erselbe, welchen wir den Lesern
mitgetheilt haben. Doch wird
keinem Rosenkreuzer=Cirkel im
n Reiche, in dieser unveränderten

Denn es ist Sitte, ihn, alle=
ern, wann in einem Cirkel eine
zeit, wie die, zu welcher Cedri=
at das erste Beyspiel gegeben hat,
werden kann. — Daneben gab
en Eidespuncte, und empfahl ihm
se in jenen Chiffre überzutragen.
ine erste Uebung in den heiligen Ge=
n.

ß dem Cedrinus seinen Platz in
mlung an, und der Bruder Actua=
die Gesetze des Ordens vorlesen. Sie
dem angeführten Buche: „Starke
„“ S. 105, wörtlich und vollständig.
Sie sind durchaus schlecht und in
betracht nur des Lesens werth; außer
der den Geist der Gesellschaft daraus
ernen will. Dieser erscheint am kennt=
im zweyten Paragraph, wo der dirigi=
Meister des Cirkels die Macht erhält, ei=
ruder, welcher sündigt, „für das erste
mit einer so wohl seinem Verbrechen als
essen Vermögen angemessenen Geldstra=

R 3 se

ıpfahl mit in sein Gebet einzu-

e sich der Cirkel-Director an, die
ı schließen. —— Es ward für die
des Cirkels, und für die Armen ge-
s der Betrag laut angezeigt.

s nun Zeit ist, für heute die Arbeit
en," sprach darauf der Cirkel-Director:
ich im Namen aller weisen Meister
für die gehabte Aufmerksamkeit, als
a mir brüderlich erwiesenen Diensteifer
ehorsam und verspreche mir in Zukunft
iches."

Mit großer Bereitwilligkeit ward ihm dar-
ıie Antwort gegeben: »Wie recht und bil-
ist!«.

Darauf sprach der Director ferner:

»Verwahren Sie also unsre Geheimnisse, so-
ut Sie können und wissen.«

Ein jeder von den Brüdern machte sich nun
geschäftig mit Stille und Sorgfalt, den Teppich, die Schreib-Materialien, Tische u. s. w.
wegzuräumen. Wie das geschehen war, sagte
der jüngste:

»Würdiger Oberer, alle Brüder haben gethan, wie Sie befohlen.«

»Nicht, wie ich befohlen,« fiel der Cirkel-
Director ein, »sondern wie Sie haben thun sollen. — Nun aber müssen Sie sich auch selbst
durch die Verschwiegenheit vor den Feinden der

R 4   Weisten und einem Nachtische besetzt.

Zimmer sogleich wieder.

er. Sellten sich um den Tisch. Der

el stand dem Director gegenüber.

rector fragte sie: „Wer ist gegen

r geheime Freunde und Mitverwand

ren Verbrüderung — war die Ant

ist nothwendig, daß man die Thüren

ce, und sich in Sicherheit setze," — sag

Director.

er jüngste Genoße des Cirkels ging darauf

untersuchte die Thüren, kam wieder und

:

„Die Thüren sind annoch verschlossen, und

r sind von allen Profanen abgesondert."

Nun sprach der Cirkel-Director mit einer so

reundlichen Majestät in Miene und Gebehrde

als dem Inhaber des Stabes Aarons geziemt,

und nicht in seiner einzelnen Person, sondern,

wie ein Mann, der den Scepter führt, in der

mehreren Zahl:

„Wir verbieten hiemit alle Unordnungen,

begehren die schuldige Aufmerksamkeit, und fra

gen durch drey mahl drey: Wer giebt Gott die

Ehre?"

Die Antwort war:

„Ein ächter Mitverwandter der wahren Ver

brüderung."

R 5   Er

inem einzigen unter den Brüdern
erspruch aufgefallen wäre, fuhr
zu fragen:
et dieses vor?«
üder antworteten mit großer Unbe

Zirkel bedeutet die Ewigkeit, die er-
e Macht, die Söhne der Weisheit
unbegreifliche Schönheit ist die Tu-
omit alle Brüder prangen müssen.«
ese Schönheit ist in der That für Tebr-
seit dem Anfange, und bis ans Ende
rosenkreuzerischen Laufbahn so unbegreif-
als unsichtbar, geblieben. Und aus den
tzen und Verordnungen der Gesellschaft, wie
allem, was wir bis hieher unsern Lesern
von vorgelegt haben, läße sich eine ganz an-
e Eigenschaft der Verbrüderung begreifen, womit die Brüder zwar nicht prangen, welche aber,
im Fall wir unsere Mühe nicht ganz verlohren
haben, dem Unbefangenen fernerhin nicht wohl
unerkannt bleiben dürfte.

Nun fragte der Zirkel-Director einen jeden:
»Sind Sie ein Bruder?«

Die Antwort war:

»Meine Obern und Mitverwandte erkennen
mich dafür.«

Er fragte weiter: — »Durch wen sind Sie
ein Bruder geworden?«

Und

ch der Cirkel-Director: So be-

r sich weiter und deutlicher dar-
ätte: was sie eigentlich begreifen
och das es nicht auf die Weisheit
h auf das Licht zu beziehen war,
eder von den Brüdern — ein wenig
n Mund!

war das Begreifen, welches der Cir-
or verlangt hatte. Denn er fragte nun:
er offenbar die Weisheit meynte.)
Sie schmeckt sie?"
Wie ein feurig Wasser oder wäßrig Feu-
antworteten alle einstimmig!
"Ist das ein groß Geheimniß?" fragte er
er. — Wer hätte nicht denken sollen, es
Ironie! — Aber sie antworteten alle, ohne
e Miene zu verziehen, mit ernsthaftem Ton:
"Ja, ein sehr großes!"
"So bewahren Sie es," sagte der Cirkel-
Director, "geben Gott die Ehre, und speisen."
Wäre einer gegenwärtig gewesen, der nur
die geringste Anlage gehabt hätte, Unsinn von
der spaßhaften Seite zu nehmen, der hätte, nach
dem Ausdruck, dessen sich der Cirkel-Director be-
diente, schließen müssen, er bäte sie alle bey dem
lieben Gott zu Gaste. — Sie verstanden es
aber anders. Sie nahmen alle eine feyerliche
Stellung an, und überließen sich einer Art von
Andacht, welche unter den Rosenkreuzern den
Namen,

schon wirklich erhalten hät‹

: Cirkel‹Director: ,, Wo ist
)?‹‹

en gelernt, zu antworten:

hat die einfältige Frage:

)orteten aber in eben dem
: die Weisheit, mit sieben
:ret ist.‹‹

: fragte er.

: ,,Sal, Sulphur, Mercu‹
‹ér und Terra‹‹ (Salz,
, Wasser, Feuer, Luft
:che Säulen und was sol‹

re eine Frage, wobey ei‹
die Manier einfallen muß,
:t Kindern sprechen. —
lieb?‹‹ fragte er.
e kreuzweise auf die Brust,
:ttelnden Armen‹Sünder‹

)ird sie beschützen und ihre

ind riefen mit dem Nach‹
: durch die etwas schnelle
: !‹‹

Wo

die Uebungen enden, und
agte dann der Director.
r eröffnete die Thür, und
ist erfüllt. "

ren! " sagte der Director
nander eine gute Nacht;

Capitel.

ofenkreuzer - Mysterien.

entlich bey seinem guten
lichen Verstande seit die-
Rosenkreuzer so in ihrer
ße vor sich gesehen hat
rstellung von ihrer wah-
müssen, wenn nicht
mmung oder Richtung
ihre Thätigkeit, den
ns die äußern Gegen-
ten, als diese Gegen-
tellung zu bilden.

Weisheit geschmeckt?
im eigentlichsten Ver-
den Stock gerathen?
sich von einem Cirkel-
rsprechen, der Men-
der und Söhne der
Weis-

Cedrinus von
rlichem Abscheu
ßlich und unver=
em ganzen Mys
Cedrinus kei=

neue Reception
zuerst den An=
Mittel und En=

ien Zimmer verf
Cirkel-Director
inen Tisch, und
isch: „Wer ist

e Antworten auf
uswendig gelernt
Bereinigung ihrer
Wohlklang nicht
ndächtiglich kreuz=

nd Mitverwandte

te der Mann mit
Thüre untersuche
eit setze.“
igstens das Spiel
n, (denn in der
ar zu vollkommner
die Rolle des Ce=
bri

das Wort, „Re

n Brüdern hin

im Vorzimmer

mnisse, wie der

räpariren, oder

ie Hände zusam

n zu verbinden,

: Tagen mit Ce-

der weise Cirkel-

rt von allgemei-

mystischen und

wenig Verstand,

kommenheit und

und nicht wenig

lls an die Thür

inus das Amt,

fragen, wer da

lichen Leibe" an-

z so zu machen,

hatte. Einem

nanchem Mysteri-

ielt hatte, ward

Pflicht zur Zufrie-

— Uebrigens

lles, wie bey der

n Stellungen an-

nd dasselbe Still-

Erklärungen ge-

nommen. Man

samm-

u s hatte er den
desselben gehabt;
Ehre mit Recht.
en Freymaurern
hier den Actua=
Philimanes.
rabes. Dann
tte eigentlich die
sie als sein bür=
ihm kam An eo=
Einem Tage, nur
war. Der Bru=
eck. Auf Ce=
s, welcher den

ecember des Jah=
nd vier und acht=
ersten mal einer
Rosenkreuzer bey=
werden, wo sich
immer am ein
en, sechsten, neun=
im Jahre gehal=
Conventionen ver=
Fraxinus, sei=
hl; aber allemahl
des Monaths.
lungszimmer trat,
tte desselben einen
ellt, über welchen
eine=

n so glücklich voll=
erhalten könnten.
gsam und freund=
halbleisen, und
igkeit der Empfin=
nen Stimme ab,
erlichen Täuschung
serschlossenen Thü=
heilhaft ist. Und
igkeit, als Inn=
allem heraus, daß
ligste Bestimmung
sey — das Reich
, und dasselbe im=
schloß seine heilige
einen gewissen, in
Ormesus, wel=
imus und Nin=
enden weiter kann
r an, »unsre höch=
aussehen, daß ein
der, Namens Or=
reitung des Reichs
ein Vieles beytra=
hkeit wird von ge=
rmuthet; die heili=
oraus, was doch,
vielleicht auch nicht
, man kann in die=
ten seltene Beschei=
s den=

an den Geist des
ernehmen. Da die
dem heiligen Orden
urz, und der Geist
hen Detail und einer
de der Ohren-Beichte
der Erörterung war
r, zu welcher Genüg-
niger, als halb, tref-
ewissenhafte Mann sel-
uhigen genöthiget war.
zen, daß, was die Un-
r im Antworten, oder ih-
den nöthigen Vollkom-
enden Parthey in einem
ndig gelassen haben mag,
genden Blick eines so her-
Directors oder durch den
Schwachheit zu Hülfe kom-
Allwissenheit der unbekann-
Obern versetzt worden sey.
dieß erste Examen zur Zufrie-
hmenden geendigt.
e der Gewissens-Fragen war
Andacht. — Die Gesetze
abgelesen; und daraus fin-
Uebungen wieder an.
jel jedes Bruders war ein zier-
Schemel hingestellt; weiß an-
it einem grünen Ueberzuge be-
deckt.

jetzt complet ist«
letirung des Cir-
Bunsch derjenigen
zu dem Cirkel an-
werden möge, —
chte zwey hundert
: Conv. M.) her-
Nobilien zu bezah-
wendig zur bessern
sey, daß der Cir-
s deswegen er, der
egenwärtige Erbe
) zu diesem Behuf
aft habe, welches
usend Mark aus-
, entweder sotha-
rger Banko ein je-
szuzahlen, oder die-
Nachlebung eines
bequem seyn möch-
ährlich zu vier von
n denjenigen Bru-
gleich mit ihm das
hergeschossen hätte.
tausend Mark Ban-
y tausend, und der
end Mark zu dem
Summen wären in
Priorität verzeich-
bey dem Hause be-
find-

ıh damahls schon,
en die zweyhundert
der her, und Ane=
r, Cedrinus und
dazu als Zinsen und
altung der Gebäude
ahlen.
Schemel! — Was
zu Hause ja Raum
rufen, kosteten, da=
lie ein ganzes Jahr
Aber freylich war
, womit die Knechte
Schnur, womit ihnen
en, mit in der Rech=

ig, so wieder Andacht,
ward für die Requisi=
esammlet, mit den et=
Convention geschlossen,
bey alles nach den vor=
wieder durchgeführt,
schuph! der Feyer ein
dann ging ein jeder zu

en Jenner des Jahres
wiederum eine ordent=
er eine weitläuftige Re=
punct vorlas. Mit die=
er ordentlichen Conven=
tion

anget nennen, der
ausarbeitete, ohne
eigenen Thätigkeit
Phantasie und nicht
lber aus dem Gan-
Verfasser diese An-
das erlerntes, oder
annte. — Etwas
arakter, und etwas
lichkeit bey seinem
s wäre so auf den
Heuchler zu werden,
s giebt dazu keinen
bekunst. Ein glück-
as mit einem zwey-
, und in einer miß-
gnen Kunst und Un-
derselben den schmei-
n Wahrheit, als der
n Werke der Kunst,
Wahrheit in seinen
sinnungen zuschreibt,
n Charakter zu ver-
uft große Gefahr in
die vor den Augen
ar keinen Werth ha-
erühmte Leute haben
ihrer Geschichte hin-
iger Eitelkeit, und
etwas

ohen Obern schreiben, und
beglückende Entdeckung, daß
nliche Schulden hätte, und
funfzig Mark zu deren Be-
üsse. Das war alles. —
nus las in diesem Grade Ab-
ie drey Grund = Anfänge
über die vier Elemente vor.
ann Gottfried Jugels Ge-
Cedrinus gab er auf, das
en: „Was sind die Grund-
der Welt?“ Er hat diese
seinem Austritt aus dem Or-
nd seine Ausarbeitung ist da

urden hier fleißig über ihren
d ihre Kenntnisse in Ordens-
und, weil eben damahls in
isition über die Illuminaten
nte Fraxinus sie mit aller
n Ernst eines Inhabers des
ich ja vor diesen gefährlichen
. Uebrigens zeigte er ihnen
igen, welche weiter im Orden
, sich an ihren Introductor

tige Ninnas war nicht saum-
a warten, bis Cedrinus

T 2　　　　　　　sich

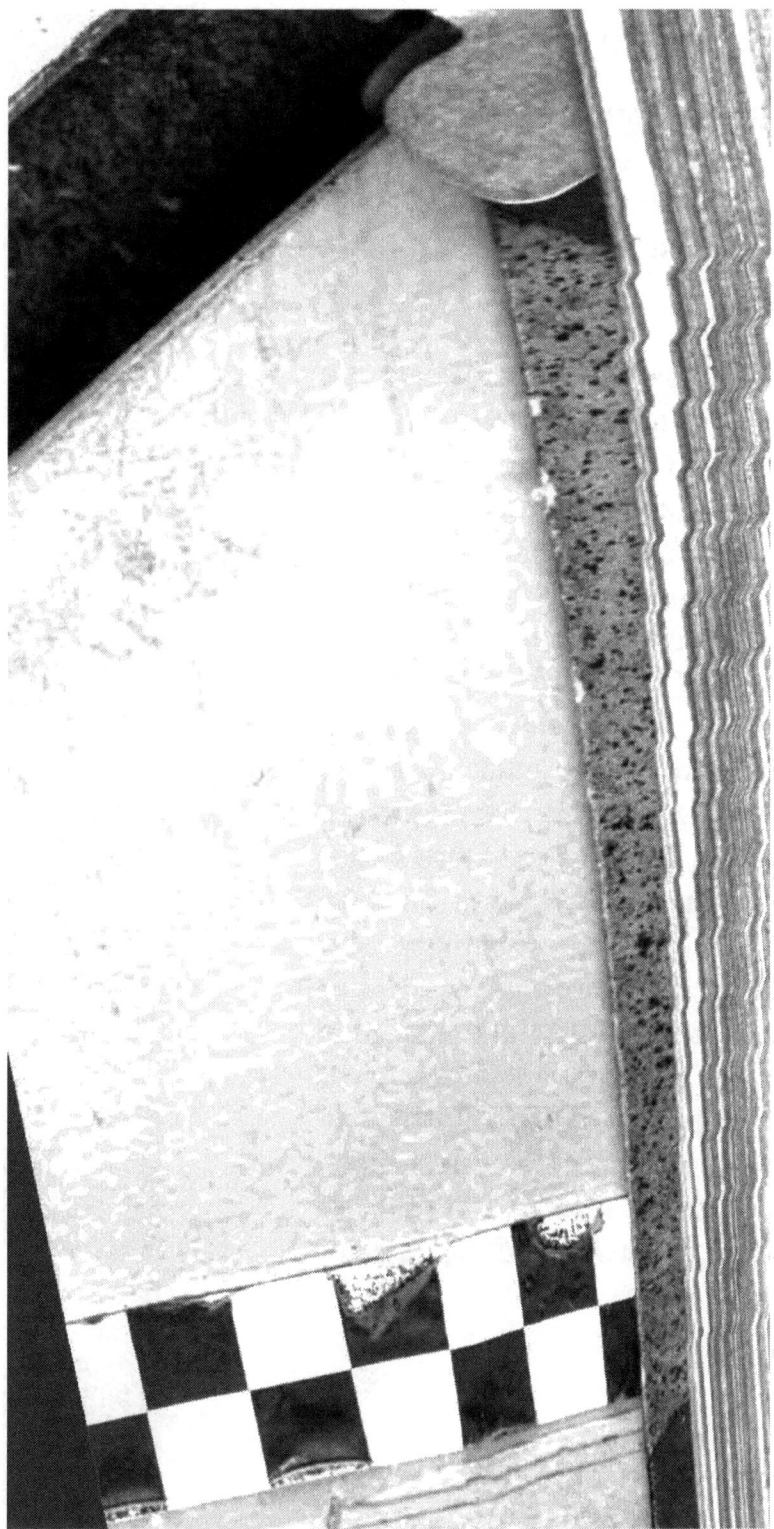

Ruachhiber, oder ein ſtarker
 durch die Cabbala geſchöpf-
andern unbekannten Obern,
Aurea, und das war wie-

er den Brüdern geſagt, ſie
it dem Laboratorio bekannt
erheit ſollte ein jeder anfan-
ſe eine Sammlung von Re-
oßer Menge gebraucht würde,
Fäulung zu beobachten, und
 Bruder Renifer abliefern,
e Aufſicht darüber hatte, und
wohl filtrirt war, diſtilliren
entlich ward auch angezeigt,
eitung von allerley Koſten ein
eißig Mark herzugeben hätte;
er mit der tröſtlichen Verſiche-
rd, daß ein anſehnlicher Vor-
lien da wäre, wie auch eine
äparate, welche nur noch nicht
rden können; ſo wie aber Fra-
ender Arzt, und Renifer et-
ten, würden ſie es aus dem La-

Der Vorrath beſtand in
ter, Campher, Eſſig, Vitriol,

Sie-

enkreuzer sey. Nur ei=
diese wurden verdächtig
ber war, auch die Frey=
und Stabe zu weiden.
Schule für den hochhei=
und Rosenkreuzer ab=
aher alle sogenannten
Genossen seines heim=
reymaurer = Logen einzu=

4, da **Cedrinus** nur
theoretischen Brüder der
it trug, der Groß=Siegel=
der vier vereinigten Lo=
zu wissen, unter **Aarons**
en, den Orden verließ, warf
en **Cedrinus**, um den
aus dem Innersten des
tzen. Der verdienstvolle
urz vorher die Güte gehabt
us zur eigentlichen Rosen=
en, ward abgeschickt, ihn
dieser Ehrenstelle zu vermö=
war nie der Mann, einen
lassen, so lange er ihn ret=
hielt er auch festiglich darauf,
amte der Freymaurer Alt=
bezahlte einhundert Reichs=

Tha=

ie Freymaurer-Logen zu
für die Rosenkreuzer zu
lbst Rosenkreuzer war.

ie heldenmüthige Beharr-
bey den Frey-Maurern
Eifer zu treiben, je un-
egenheiten der geheimen
reuzer-Conventionen selbst

Als Aneopes, Ce-
n a r ch u s einander schon
oom Gold-Machen, ihre
ten Obern mitgetheilt, und
ag verlangt hatten; als er
ionen schon Strafreden und
gen gehalten hatte, selbst
e Plane in den Freymaurer-
selbst als er in in einer Ro-
ion schon erklärt hatte, er
el-Director seyn, wandte er
uf seine Gewalt und andere
ehelfe an, um Gesetze durch-
machen, welche die Freymau-
den Genossen vor den Frey-
ter Orden abhängig gemacht

ungen der Existenz und des
nkreuzerverbindungen in unserer

9 781020 543111